공부는
정의로
나아가는 문이다

# 공부는 정의로
# 나아가는 문이다

1판 1쇄 펴냄 2020년 4월 24일
1판 8쇄 펴냄 2021년 10월 25일

**엮은이** 인디고 서원

**주간** 김현숙 | **편집** 김주희, 이나연
**디자인** 이현정, 전미혜
**영업** 백국현, 정강석 | **관리** 오유나

**펴낸곳** 궁리출판 | **펴낸이** 이갑수

**등록** 1999년 3월 29일 제300-2004-162호
**주소** 10881 경기도 파주시 회동길 325-12
**전화** 031-955-9818 | **팩스** 031-955-9848
**홈페이지** www.kungree.com
**전자우편** kungree@kungree.com
**페이스북** /kungreepress | **트위터** @kungreepress
**인스타그램** /kungree_press

ISBN 978-89-5820-653-8    03370

# 공부는
# 정의로
# 나아가는 문이다

## 코로나 시대, 새로운 교육을 위하여

인디고 서원 엮음

궁리
KungRee

# 여는글

·

## 인류의 미래를 간직한 아이에게
## 절대적인 힘을 주기를

"한밤중에, 어느 상점 바닥에 앉아 등잔 불빛을 받으며 아이는 몸을 수 그린 채 책을 읽고 글을 씁니다. 주변에 전혀 신경 쓰지 않고, 불편함, 소음, 혼잡함, 그의 곁에서 벌어지는 거칠고 폭력적인 삶에는 아랑곳하지 않고, 숲 한가운데, 그 상점 바닥에 책상다리를 하고 앉아 등잔 불빛 아래서 홀로 글을 읽는 아이는 우연히 그곳에 있는 게 아닙니다. (중략) 우리가 함께 사는 이 지구상에, 성(性)과 언어와 종교가 무엇이든, 어떠한 아이도 향연에서 멀리 떨어진 곳에, 굶주림과 무지에 내던져지지 않기를. 그 아이는 자기 안에 인류의 미래를 간직하고 있습니다. 아주 오래전 그리스 철학자 헤라클레이도스가 썼듯, 그 아이에게 절대적인 힘을 주기를."

프랑스 문학가 르 클레지오는 2008년 노벨문학상 수상 연설에서 그 어떠한 아이도 인류의 향연에서 멀리 떨어져 있지 않기를 바란다고 말 했습니다. 주변이 아무리 혼잡하고 불편하더라도 아랑곳하지 않고 조용히 앉아 아주 작은 불빛 아래서 글을 읽고 있는 그 보잘것없는 아이에게 온 인류의 미래가 있기 때문입니다. 가장 헐벗고 굶주리고 연약한 아이마저도 소외되지 않고 인간의 존엄성을 지킬 수 있게 하는 것, 그것이 인류가 이루어낼 수 있는 가장 존귀한 미래입니다. 화려한 불빛과 풍족한 먹거리, 떠들썩한 음악과 넓은 집을 가지는 것이 빛나는 문명이 아닙니다. 오히려 그 넘치는 것들을 모두가 이롭게 쓸 수 있게 하는 것이 바로 인류의 위대함입니다.

전염병으로 전 세계가 혼란을 겪고 있는 지금, 우리에게는 르 클레지오가 평생 자기 글쓰기의 지표로 삼은 이미지처럼, 그 아이를 떠올릴 고요하지만 강력한 힘이 필요합니다. 실제로 이 순간 굶주리는 아이가 있습니다. 학교에 가지 못해 급식을 받지 못하는 아이들은 도대체 어떻게 살고 있는지요. 정부가 추산하는 결식아동 수는 전국에 약 28만 명입니다. 물론 결식아동에게 제공하는 '꿈나무 카드'에 각 지자체별로 식비를 더 지급하는 방법으로 지원을 했습니다만, 꿈나무 카드를 신청하지 못하는 아이들은 혹시 없을지, 그 카드를 들고도 급식만큼 영양식으로 차려진 밥을 먹지 못하는 아이들은 또 얼마나 많을지 생각합니다. 전국의 무료 급식소들도 줄줄이 문을 닫고 있으니, 이 아이들에 대한 이전보다 좀 더 폭넓고 다양한 조사와 그에 맞춘 지원이 필요할 것입니다.

밥을 굶는 것은 아니지만, 학교에 가지 않으면서 학습적으로 아이들이 받는 피해는 엄청납니다. 예상치 않은 공백의 시간에 학교마다 재량껏 과제를 내거나 인터넷 강의를 병행하고 있지만, 그 형태와 내용은 제각각입니다. 학원들도 자체 휴업에 들어갔지만, 개인 과외나 소수 정예식 학원은 멈추지 않고 계속됩니다. 과연 우리 사회는 공공적으로 학교에 가지 않는 아이들에게 무엇을 제공하고 있나요? 공영방송들에서 좋은 영화나 다큐멘터리를 긴급편성해서 가족들이 함께 보고 토론하거나 이야기를 나누는 모습을 상상해봅니다. 지금 일어나는 시국에 맞춰 문학 작품을 읽고, 토론 질문을 공유해 서로의 생각을 나누는 전국 온라인 토론 한마당을 교육청이나 학교 단위로 만드는 상상도 해봅니다. 그런 상상력이야말로 지금 이 시간에 아이들을 불평등한 사교육 시장에 내던지거나 불합리한 교육의 피해를 입지 않도록 하는 최선의 방법일 것입니다.

우리나라뿐만 아닙니다. 2020년 3월 28일, 코로나19로 인해 전 세계 181개국에서 휴교령을 내려 총 학생 인구의 약 89%인 15억 4천만 명의 학생이 학교에 가지 못하고 있습니다. 유네스코는 "학교 폐쇄의 규모와 속도는 교육에 유례가 없는 도전"이라고 발표했습니다. 이 유례 없는 도전에 우리는 어떻게 대응해야 합니까?

이 위기의 순간을 우리는 똑바로 봐야 합니다. 지금 이 순간, 무엇이 생명을 구하고 있는지 말이지요. 전염병과의 사투에서 우리를 살려내고 있는 것은 열 일 제쳐두고 대구로 뛰어간 사람들이며, 더 간단하고 빠르고 안전하게 검진할 수 있는 키트와 드라이브 스루와 같은 진단방법을 개발해낸 사람들이고, 마스크 앱을 만들어 정보를 공유하는 사람들이며, 자신에게 배당된 공적 마스크를 모아 너 힘든 사람을 위해 써달라고 경찰서나 병원에 기부하는 사람들입니다. 어려움에 처한 사람을 구하겠다는 그 간절한 마음을 자신의 능력으로 발휘할 줄 아는 그 사람들이야말로, 진정한 자유인이자 인간다운 인간입니다. 국어, 영어, 수학, 과학의 지식을 암기해 잘 받은 시험 성적이 아니라, 그 지식을 어디에 어떻게 활용하고자 하는 마음이 사람을 살리고 있습니다.

그러니 교육은 반드시 그 능력을 키우는 방향으로 나아가야 합니다. 지금과 같은 바이러스건, 기후 위기건, 앞으로 점점 더 크게 다가올 위기의 순간들이 많아질 것이라고 전문가들이 말합니다. 우리는 어떻게 살아남을 수 있나요? 인간다운 삶에 대한 고민, 함께 사는 세상에 대한 이해, 더 나은 미래를 향한 의지는 생존과 직결된 것임을 온몸으로 느끼고 있습니다. 이러한 생명을 위한 교육, 삶을 위한 교육이 바로 인문 교육입니다. 인문학은 우리를 끝끝내 살아 있게 하는 힘입니다. 포탄이 날아드는 전쟁터에서도, 경쟁이 극심해지는 사회 속에서도, 전염병이 창궐해 모든 것이 멈추고 단절된 세상에서도, 더 이상 나아질 것 같은 희망이 보이지 않는 절망의 상황 속에서도 그것을 딛고 그럼에도 살아 있게 하는 힘. 지금껏 인류가 축적해온 수많은 정보와 기술을 모두에게 이로운 것으로 쓰게 하는 위대한 힘을 우리는 이 어려운 시절을 살아가는 새로운 세대에게 나누어야 합니다.

지금 이 전염병의 시대에 떠올려야 할, 온 인류의 미래를 간직한 아이는 누구입니까? 무엇을 처방해야 어린아이들의 삶을 정의롭게 바꿀 수 있을까요? 그 고민의 결과물이 바로 이 책입니다. 청소년을 위한 인문학 서점, 인디고 서원은 지난 16년 동안 책읽기를 통해 세상의 소외되고 그늘진 곳을 직시하고, 새로운 시대의 윤리적 가치를 찾고자 노력했습니다. 그 과정에서 공부는 좋은 사람이 되는 길이고, 세상을 향해 던지는 질문이며, 모두에게 이로운 혁명임을 눈으로 확인하고 몸으로 체득했습니다. 오직 시험만 잘 치는 인간을 길러내는 교육은 이제 단호히 그만둬야 합니다. 모든 학교가 멈춘 바로 이때, 인류의 미래를 간직한 아이들에게 무엇을 희망하게 할 것인지 우리는 한시라도 빨리 실질적인 정책과 제도의 개혁과 교육 전반의 문제를 재정비함으로써 아이들에게 정의와 사랑으로 무장한 새로운 미래를 꿈꾸게 해야 합니다. 이에 인디고 서원은 조금이라도 도움이 되고자 청소년들이 함께 읽으면 좋은 책과 영화를 소개하며 토론하고 싶은 질문도 함께 담았습니다. 교육 현장에 계시는 모든 분께서 의미 있게 써주시길 바랍니다.

인문 공부는 쓸모 있는 실천으로 이어져야 합니다. 그 쓸모란 생명을 구하는 일이고, 자유롭고 행복한 삶을 만드는 일이며, 정의로운 세상을 구축하는 일입니다. 공부는 반드시 정의로 나아가는 문이어야 합니다. 정의로 향한 공부는 인류의 미래를 간직한 새로운 세대가 정의로운 세상을 만드는 절대적인 힘을 줄 것이기 때문입니다.

2020년 3월 28일

인디고 연구소 InK

이윤영

# 차례

# 1장

## 공부는
## 좋은 사람이 되는 길이다

## 좋은 사람은 정의로운 사람입니다

"인간이란 무엇인가? 무엇이 인간을 인간답게 하는가?" 인류의 이 오래된 질문을 깊이 고민하게 되는 순간들이 있습니다. 2020년, 전 세계를 강타한 전염병처럼 사회적으로 이슈가 되는 아주 커다란 사건을 마주할 때이기도 하지만, 사실 그런 순간은 일상에 더 많습니다. 예컨대 좁은 골목길을 불법 주정차 차량이 가득 메워서 보행자의 안전이 위협받는 순간도 그렇고, 길거리 곳곳에 버려진 플라스틱 음료수 컵을 볼 때도 그렇습니다. 하지만 그중에서도 가장 큰 분노와 절망과 안타까움 등, 말로 다 표현할 수 없이 복잡한 심경으로 질문하게 되는 때는 바로 시험 기간을 목전에 둔 청소년들의 얼굴을 마주하는 순간입니다.

시험 기간이 되면 아이들의 얼굴이 변합니다. 눈에 초점은 사라지고 온몸으로 무기력을 말합니다. 왜 그러냐고 물어보면 이유도 딱히 없습니다. 삶의 의욕까지 잃어버릴 만큼 아이들이 했다는 공부는 도대체 무엇을 위한 것인지 질문하게 되지만, 아이들도 그 공부가 너무 괴로워서 죽고 싶을 지경이라고 하지만, 그 누구도 이 악의 순환고리를 멈추지 않습니다. 시험을 치고 나면 조금 회복하는 듯싶지만, 시험을 치는 횟수가 쌓여갈수록 삶의 의지는 점점 제자리를 찾지 못합니다.

분명 우리 교육의 문제는 개인이 극복할 수 없는 것인데, 자꾸 네가 더 열심히 하면 된다고, 네가 더 시간을 들여 노력해서 이겨내라고 말하니, 아이들은 자신의 몸과 마음에 상처를 내는 방식으로 이 고통을 잊으

　　　　　　　　·· 1장. 공부는 좋은 사람이 되는 길이다

려고 합니다. 자해하거나, 물건을 훔치거나, 누군가에게 폭력을 행사합니다. 정도의 차이는 있지만, 건강하게 스스로를 지켜내는 청소년은 많지 않습니다. 성적을 잘 받고 공부를 잘하는 아이라고 다른 것이 아닙니다. 부모님의 기대가 너무 커서 시험지를 받으면 온몸이 사시나무 떨듯 떨리고 숨이 잘 안 쉬어진다고 말하는 아이들도 있습니다. 맹목적으로 시험 성적에 몰두하는 것 역시 마찬가지의 증상입니다. 그 아이들 역시 자기 삶이 없습니다.

사회 모든 문제의 근원에는 교육이 있습니다. 교육의 질이 높고 교육에 대한 만족도가 높은 나라일수록 정치, 경제, 복지, 문화 등 사회 전반이 마찬가지로 여러 긍정적인 지표에서 상위권이라는 사실이 그 근거입니다. 정치도 경제도 모두 인간이 하는 일이고, 그 인간을 길러내는 것이 교육이기 때문이라는 너무 단순하고도 분명한 이치입니다. 그런데 한국 사회의 교육은 어떤 모습을 하고 있습니까. 경쟁에서 이겨야만 하고, 잘 외워야 하고, 정답을 맞혀야 하고, 체계에 적응하고 순종해야 합니다. 그러니 다른 문제는 모른 채, 이미 잘 닦여진 길에 '나'라는 존재를 잘 끼워 맞춰 다른 사람보다 더 뛰어나게 살면 잘 사는 사회입니다. 그런데 그런 사회에서는 결코 행복해질 수 없습니다. 인간이 혼자 살지 않는데 그렇게 살다가는 공멸할 수밖에 없기 때문입니다. 코로나19 사태에 우리나라가 뛰어난 의료기술과 민주주의의 면모로 전 세계의 주목을 받고 있습니다만, 학업 스트레스로 아동과 청소년 삶의 만족도는 세계 최하위라는 사실은 우리가 가진 저력이 곧 끝날 수도 있다는 위기의식을 갖게 합니다. 우리가 자꾸 학벌로, 성별로, 국적으로, 종교로, 정치색으로, 이념으로 서로를 나누고 적으로 삼아서 더 잘 살게 되었나

쓰나미로 폐허가 된 후쿠시마　　　　　　　　　　　　　　©모리 겐

요? 아닙니다. 더 위험해졌을 뿐입니다. 언제 어디서든 공격받을 수 있
는 위치에 스스로를 두었을 뿐입니다.

　고개를 들어 세계 곳곳에서 세상을 바꾸는 사람들을 봅니다. 그들은
시대의 부당한 현실을 손가락질하지 않고, 그것을 뛰어넘은 세계에 대
한 비전이 있습니다. 더 아름답고 원대한 꿈이 있는데 그것을 가로막는
현실에 분노했고, 그와는 다른 새로운 시대를 열고자 했던 것입니다. 그
래서 분노의 목소리를 내었던 얼굴들은 역설적이게도 온화하고 여유롭
습니다. 조급하거나, 절망적이거나, 화와 분노로 가득 차 짓이겨져 있지
않습니다. 지금 이 현실이 어렵고 힘들지라도, 그를 뛰어넘어 새로운 가
치가 승리하는 세계를 만들고자 했던 그 열망은 기필코 변화를 만들었
습니다. 그들의 얼굴, 그러니까 그들이 살아온 인생이 증명하는 바, 세

16　　　　　　　　　　　　　　　　· · 1장. 공부는 좋은 사람이 되는 길이다

상을 바꾸는 것은 삶을 망가뜨리지 않습니다. 오히려 선한 영향력으로 모두를 일으켜 세웁니다.

그러니 코로나19로 직면한 이 위기의 순간, 우리가 가장 먼저 해야 할 일은 시험 성적을 잘 받기 위해 목숨을 걸고 학원을 가는 것이 아니라, 나를 돌보는 일입니다. 위기가 생겼을 때 자기 안의 존엄을 지키고 싶은 의지를 되찾는 것은 정말 중요한 일입니다. 무엇이 더 선하고, 의미와 가치가 있는지, 무엇이 진짜 소중한지 고민할 때 우리는 지금 해야 할 일을 해낼 수 있습니다. 또한 나의 영혼을 들여다볼 줄 알고, 내가 어떤 인간이고자 하는지 살피는, '삶의 주인'으로서 자유로운 '나'는 반드시 깨어 있는 시민이 될 수밖에 없습니다. 깨어 있지 않으면 죽기 때문입니다. 더 정확히 말하면 내가 깨어 있지 않으면, 다른 누군가가 죽습니다. 인간이 타인의 삶에 귀 기울이고 손 내밀어야 하는 이유입니다. 잘 사는 것(buying)이 잘 사는 것(living)의 전부인 것처럼 여겨지는 오늘날, 결코 돈으로 사고팔 수 없는 가장 고귀하고 본질적인 삶의 가치를 잃지 않는 것은 오로지 깨어 있을 때만 가능합니다. 깨어 있다는 것은 타인의 고통에 감각할 수 있는 능력, 이 세계에서 일어나는 일에 관심을 갖는 것, 부조리한 일이 일어났다면 기꺼이 그를 시정하고자 하는 열정과 책임을 갖는 일입니다.

공부는, 배움은, 교육은 우리를 좋은 사람으로, 좋은 시민으로 거듭나게 합니다. 깨어 있는 시민을 기르는 삶을 위한 교육이 지금 이 순간 시작되어야 합니다.

# 1

# 새로운 시대를 위한
# 교육 혁명


## 공동체의 가장 중요한 과업, 교육

한 사회에서 '어떤 교육을 할 것인가?'라는 질문은 '어떤 인간을 길러 낼 것인가?'라는 질문과 '어떤 사회를 만들 것인가?'라는 질문 모두를 포함합니다. 다시 말해 아무리 훌륭한 사람이 많은 사회라고 해도 좋은 교육이 이뤄지지 않으면 그 사회의 미래는 어둡지만, 당장 사회에 수많은 문제가 있더라도 제대로 된 교육이 이뤄지고 있다면 그 사회는 미래에 희망을 기대할 수 있습니다. 그러므로 교육은 한 사회와 공동체 그리고 국가의 가장 중요한 과업입니다.

우리나라는 교육을 어떻게 여기고 있나요? 단편적인 예시로 들 수 있는 하나의 장면이 있습니다. 제19대 대통령 선거를 앞둔 당시 주요 5당 후보의 정책토론에서 "교육의 목표가 무엇입니까"라는 질문이 오간 적이 있습니다. 한 후보는 교육의 목표란 한마디로 말해서 '학생들의 창의력을 키우는 것'이라고 대답했고, 다른 후보는 교육의 목표가 '계층 이동의 사다리를 정의롭게 만드는 것'이라고 말했지요. 학생들을 창의적인 인재로 키우는 것, 비록 가난한 집에서 태어났지만, 교육을 통해 계층 상승의 가능성이 열릴 수 있도록 하는 것은 모두 교육의 중요한 기능입니다. 그러나 결코 이 두 가지가 교육의 궁극적인 목표라고 말할 수 없고, 그래서도 안 됩니다.

## 자본과 국가의 논리를 넘어

교육의 목표가 학생들의 '창의력 신장'이라고 대답한 관점은 정확히 자본의 이익과 논리를 반영하고 있습니다. 4차 산업혁명의 시대가 왔고, 그 시대에 발맞추어 미래 사회의 인재에게 필요한 능력으로 요구되는 '창의성'을 강조한 것이기 때문입니다. 그러나 한 사회와 국가는 결코 경제만으로 이뤄지는 것은 아닙니다. 변화하는 경제적 조건과 환경도 중요하지만, 더 중요한 것은 그런 변화에도 불구하고 인간적이고 정의로운 사회를 지켜낼 수 있는 사람을 길러내는 것이기 때문입니다.

한편 교육의 목표로 '계층 이동의 사다리를 정의롭게 만드는 것'이라고 말한 관점 역시 제한적입니다. 교육은 분명 계층 이동의 사다리 역할을 해야 합니다. 지금 한국 교육은 사교육을 얼마나 받을 수 있냐에 따라서 성적이 결정되고, 대학도 결정되고 있습니다. 따라서 계층 이동의 사다리 기능을 제대로 하고 있지 못한 것이 사실이며, 이를 정의롭게 만드는 것은 중요한 과업임이 틀림없습니다. 그렇다고 해도 교육의 근본적인 목표가 사회에서 필요한 인재를 선별하기 위해서라든가, 생존 경쟁에 이기는 것이 될 수는 없습니다. 그렇다면 교육의 목표는 무엇이어야 합니까?

## 우리는 이미 훌륭한 교육 목표를 가지고 있다

교육은 자본과 국가의 이익을 반영하는 것에 그쳐서는 안 됩니다. 교육은 한 인간이 존엄한 개인으로 성장할 수 있도록, 그리고 그 개인이 사회의 구성원으로 역할과 책임을 다할 수 있도록 삶에 필요한 기술들을 갖추어주기 위한 것이기 때문입니다. 나는 누구이며 이 세계에 대한 나의 책임은 무엇인지 끊임없이 질문을 던지는 것이 교육의 역할입니다. 이러한 교육을 통해 자기실현을 이루고 타인에 대한 공감 능력을 배울 수 있고, 사회에서 일어나는 일에 대해 비판적으로 사고할 수 있게 되며, 나아가 더 선하고 아름다운 삶의 가능성을 창조하고 누릴 수 있게 될 것입니다. 사실 이 같은 교육의 목표는 이미 우리나라의 〈교육기본법〉에도 잘 나타나 있습니다. 〈교육기본법〉 2조에 따르면 교육의 목표는 다음과 같습니다.

"교육은 홍익인간(弘益人間)의 이념 아래 모든 국민으로 하여금 인격을 도야(陶冶)하고 자주적 생활능력과 민주 시민으로서 필요한 자질을 갖추게 함으로써 인간다운 삶을 영위하게 하고 민주국가의 발전과 인류공영(人類

共榮)의 이상을 실현하는 데에 이바지하게 함을 목적으로 한다."

교육 제도가 매년 바뀌는 것을 보면 분명 교육에 문제가 있다는 사실
은 사회 전반적으로 인지하고 있습니다. 그런데 어떤 제도가 시행되든
제자리걸음 혹은 후퇴하는 것처럼 느껴지는 이유는 그 문제의 본질이
'제도'에 있는 것이 아니기 때문입니다. 일례로 북유럽 교육의 대부분은
우리나라에서도 하는 것들입니다. 우리도 목공 수업을 하고, 바느질을
배우고, 체육도 하고, 진로 탐색의 시간도 있고, 봉사 시간도 반드시 채
워야 하지요.

그러나 교육의 목표와 교육의 주체들이 누리는 자유의 범위는 확연
히 다릅니다. 바느질을 얼마나 일직선으로 잘하는가를 평가하는 우리
나라의 경쟁 시스템은 결코 자신의 취미활동을 위해 목공 시간에 기타
를 만드는 북유럽의 교육보다 훌륭한 인재를 길러낼 수 없습니다. 인디
고 서원에서 아이들과 요리 수업이나 연극 수업을 해보면 우리 아이들
도 북유럽 아이들만큼 행복하게 웃습니다. 우리 아이들도 행복하게 공
부할 수 있는 훌륭한 아이들입니다. 그러니 제도를 바꾸는 것보다 더 중
요한 문제는 교육의 목표와 철학을 무엇으로 설정할 것인가입니다.


## 학교라는 상처

본래의 목표를 무시하고 자본과 국가가 요구하는 인재를 만드는 데
만 초점이 맞추어진 교육의 최종 피해자는 결국 교육받는 청소년입니

©연합뉴스　　　　　　　　　　　　　　　　　　　수능 전 모의고사를 보는 학생들

다. 받는 점수에 따라 순위가 매겨지고 그 순위가 곧 자신의 가치를 대변하는 학교에서는, 기본적인 자존감을 지키는 일조차 특별한 노력이 요구됩니다. 실제 학생들의 이야기를 들어보면 학교에서 받는 상처로부터 자신을 지키는 노력은 거의 투쟁에 가깝습니다. 학교라는 공간에서 성적과 상관없이 자신이 그 자체로 존중받아야 할 존엄한 개인임을 인식하기 위해선 지금의 교육 시스템이 조장하는 주위 사람들의 획일적인 평가에 끊임없이 저항해야 하기 때문입니다. 그 과정에서 지나친 스트레스를 받는 일은 이제 일상적인 일이 되었고, 그로 인한 학교 폭력, 자해, 자살 등의 문제도 연이어 발생하고 있는 것을 모르는 사람은 없습니다. 학생이 자기 존중감을 느끼도록 돕고 타인 역시 자신과 같은 존엄한 시민으로 존중하고 협력할 수 있는 능력을 가르치는 것이 학교와 교육의 가장 중요한 역할인데 말입니다.

이런 상처는 비단 공부 못하는 아이들의 것만은 아닙니다. 공부를 잘하는 아이들에게 더 큰 독이 될 수 있습니다. 성적이라는 하나의 기준에서 우수한 것이 곧 인간으로서도 우월하다는 잘못된 인식은 부당한 권력과 특권마저도 당연하게 받아들이는 이기적 인간을 만들어내고 있기 때문입니다. 이처럼 제대로 된 교육의 목표가 부재한, 아니 있지만 제대로 실현되고 있지 못한 지금의 교육 현실은 모든 청소년에게 지울 수 없는 상처를 만들고 있습니다. 이것이 나아가 우리 사회 구성원들 내면의 보편적 의식 구조로 자리 잡으면서 갖가지 사회 문제의 뿌리를 이루고 있습니다. 그렇다면 교육의 목표를 바로 세우기 위해서, 자기실현과 자존감을 키우는 교육을 하기 위해서 우리는 어디서부터 어떻게 접근해야 하는 것일까요?


## 학생들은 미성숙한 존재가 아니다

교육의 본질적인 목표를 실현하는 데 있어 가장 중요한 것은 학생들이 '미성숙한 존재'라는 인식을 전환하는 일입니다. 교사가 되기 위한 수업을 받고, 학생을 대하는 법을 배울 때 '학생들은 미성숙한 존재'라고 배운다고 합니다. 실제로 교사가 학생들을 미성숙하고 미숙한 존재이므로 교사의 말에 무조건 따라야 한다거나, 학생들의 생각을 낮잡아보는 경우가 종종 있습니다. 학생들은 미성숙하고, 그런 학생들을 성숙한 인간으로 키우는 것이 교사의 역할이라고 한다면 거기엔 자연히 성숙한 정도에 따라서 위계가 생기게 됩니다. 그리고 바로 그 성숙한 정도를 '성적'으로 점수 매기고, '생활기록부'로 관리하게 되는 것이지요. 그러나 성적이 높은 것이 인간적으로 더 성숙했다고 말할 수는 없고, 나아가 나이가 어리다고 나이가 많은 사람보다 덜 성숙하다고 말할 수도 없습니다. 인간의 존엄은 태어나는 그 순간부터 주어진 것이고, 그것이 어떤 방향으로 나아갈 것인지는 어떤 교육을 받느냐에 따라 달라질 뿐입니다. 인간 존엄성은 자기를 실현하게 하는 힘, 자유를 성취하게 하는 힘, 윤리적인 시민으로 자라나게 하는 힘에서 지켜질 수 있습니다.

청소년은 배움의 주체이지 미성숙하기만 한 존재가 아닙니다. 청소년을 미성숙한 존재로 보는 것은 그렇게 보고자 하는 기성 사회의 논리이며, 청소년들을 지배하고 통제하고 계도의 대상으로 보아왔던 식민 시대의 교육관에서 벗어나지 못한 것일 뿐입니다. 이는 단호하게 말해 교육이 아니며, 진정한 민주주의에 부합하지도 않습니다. 교육은 청소년을 기존 사회의 가치 체계에 맞게 편입시키는 것이 아니라, 청소년이 자신에게 잠재된 자유와 가능성을 마음껏 실현할 수 있도록 돕는 것입니다. 민주주의의 가치는 나이가 어리다고 무시하는 것이 아니라 있는 그 자체로 동등한 존재자이자, 자기 삶과 공동체의 미래를 결정할 권리를 갖고 있다는 것을 인정하고 실천하게 하는 삶의 원리입니다.


## 민주주의와 교육

지금까지 우리 교육은 청소년 시기를 미래를 위해 준비하는 시기로, 청소년들은 성숙한 성인이 되기 전의 미성숙한 존재로 이해해왔습니

청소년 인문 토론의 장, 정세청세(정의로운 세상을 꿈꾸는 청소년, 세계와 소통하다)

다. 그러나 청소년은 미래에 시민이 되기 위해 준비를 하는 존재가 아니라 지금, 여기를 살아가는 한 명의 현재 시민입니다. 민주주의 사회에서 시민은 자기 목소리를 갖고 있으며, 타인과 조화를 이루며 자신의 자유와 행복을 추구합니다. 시민은 자신의 사적인 삶을 추구하면서도 공익을 추구하며, 사익과 공익 사이에서 균형감각을 잡을 줄 아는 존재입니다. 그리고 바로 그런 시민의 시민성은 저절로 생기는 것이 아니라 교육과 학습 속에서 만들어집니다. 따라서 가장 중요한 것은 바로 청소년들이 스스로 자기 운명의 주인이자 민주 사회의 구성원으로 좋은 삶을 살아갈 수 있도록 민주 시민 교육을 해나가는 일입니다. 다시 말해, 교육의 첫걸음은 청소년들이 자기 삶과 미래에 대해 고민하고, 그것을 결정하는 과정에 스스로 목소리를 낼 수 있도록 하는 것입니다. 그것을 불가능하게 하는 교육은 아무 쓸모가 없다 해도 과언이 아닙니다.


## 교육에 대한 공적 토론의 장을 제안한다

　주입식 교육, 경쟁 체제, 대입 위주의 우리나라 교육 문제는 너무나 오래된 것이고, 이를 개선하려는 수많은 시도가 있었으나 해결되지 않았습니다. 사교육 시장은 점점 더 커졌고, 이로 인해 소득수준에 따른 교육격차는 심각한 수준이 되었습니다. 경쟁은 극심해져 성적 스트레스로 자살하는 아이들은 매년 늘어나고 있지만, 이제 그들의 죽음은 뉴스거리도 되지 못하고 있습니다. 과연 우리는 무엇을 위해 교육하고 교육받고 있나요? 이러한 문제의 근본에 대한 고민 없이 현상적인 대책만으로는 결코 교육 변화는 가능하지 않습니다.

　그렇다면 무엇이 교육을 바꿀 수 있나요? 교육의 3주체는 청소년, 교사, 학부모입니다. 여기에 하나가 더 있다면 교육 정책입안자입니다. 그러나 교육의 주체이자 교육의 당사자인 '청소년'의 목소리는 실제 교육 현장과 정책에 반영되고 있지 못합니다. 선거권 연령이 낮아져 2020년부터 만 18세부터 투표할 수 있게 되었지만, 제도의 변화만으로 낙관하기는 어렵습니다. 청소년과 시민들의 다양한 목소리가 오갈 수 있는 공적 토론의 장에서 교육을 이야기해야 합니다. 교육의 진정한 변화는 청소년들을 교육의 주체로, 민주 시민으로, 자기 목소리를 가진 존재로 인정할 때 가능합니다.

　그러니 교육의 혁명을 위해 끊임없이 토론해야 합니다. 무엇이 우리의 삶을 행복하게 할 것인지, 무엇이 우리 사회를 정의롭게 할 것인지 고민하는 공론의 장을 만들어야 합니다. 교육의 본질적인 의미를 다시 세울 수 있는 그 날, 교육은 우리의 꿈을 실현하게 하는 훌륭한 삶의 과정이 될 것입니다.

## 우리에게 필요한 교육 혁명

존 듀이는 「나의 교육 신조」에서 "모든 교육은 인류의 사회적 의식 속에 개인이 참여함으로써 이루어진다. 이 과정은 처음에는 거의 무의식적으로 시작되어, 지속적으로 개인의 힘을 형성해간다. 그리고 그 사람의 의식에 스며들어 습관을 형성하며, 생각을 훈련하고, 느낌과 감정을 일깨운다. 이 무의식적인 교육을 통해 개인은 점점 인간이 축적해왔던 지적·도덕적 자원을 공유하게 된다. 그리하여 문명이라는 축적된 자본의 상속자가 된다"라고 말합니다. 이는 교육의 가장 근원적인 존재 이유를 설명한 것이라 생각합니다. 우리 각자가 하나의 생명으로 동떨어져 개인의 삶만을 살아가는 것이 아니라 교육을 통해 역사와 문명의 흐름 속에 연결되고, 발전하는 과정에 참여하는 의미 있는 존재가 되어 살아갈 수 있다는 것입니다.

따라서 일반적으로 교육은 인류 공동체가 이미 가진 소중한 자산을 전달하는 데 그 의미가 있습니다. 최대한 많은 이들에게 정보를 제공하고, 이를 잘 습득할 수 있도록 훈련하는 것입니다. 물론 가정에서, 공동체에서 무의식적으로도 일어나지만, 학교에서의 의식적인 교육은 과거에는 특권층만이 누릴 수 있는 기회였습니다. 그것이 보편적인 교육의 형태로 퍼져 모든 사람이 글을 배우고 책을 읽으며, 같은 교실에서 평등하게 공부한다는 것은 이미 수많은 혁명적 변화를 거쳐온 결과인 것입니다.

그러나 단순히 주입하고 암기하는 모범적 아이들을 길러낸 교육의 폐해가 여러 사회적 재앙으로 드러나는 오늘날, 진정한 교육이란 단순히 보호하고 훈련하는 것이 아니라, 자유인으로, 한 명의 주체적 개인으로 성장시키는 것임이 분명해집니다. 인간의 불완전성은 교육의 입장에서는 하나의 가능성이 됩니다. 교육을 통해 우리는 우리의 삶을 선택할 수 있는 자유인이 될 수 있고 나아가 행위자, 주권자로 성장할 수 있습니다.


## 자유롭고 정의로운 시민을 길러내는 교육

교육을 통해 획득할 수 있는 자유란, 곧 개인의 삶의 영역에만 국한되는 것이 아니라 사회 전체를 자기의 의지대로 기획하고 움직일 수 있는 능력과 능동성을 가리킵니다. 공공의 가치를 이해하고, 그것을 개인적 삶과 균형을 이루도록 돕는 것, 나아가 자기실현을 통해 공동선을 가능하게 하는 것이 바로 교육의 역할입니다.

그러므로 교육 혁명은 교육 내에서의 혁명만으로는 이뤄질 수 없고, 사회의 변화와 함께 이뤄져야 합니다. 현재 아이들이 겪고 있는 어른과 줄어든 상호작용, 발달 단계에 맞지 않는 선행 학습, 비대면적 매체에 대한 과도한 노출과 같은 문제의 해결은 경제적 불평등의 완화, 지나치게 긴 노동 시간의 단축, 파편화된 개인들 사이의 공동체 정신의 회복 등과 같은 사회적 문제 해결과 맞닿아 있는 것입니다. 그렇기 때문에 교육의 변화는 사회의 변화와 함께 일어나야 합니다. 반대로 말하면, 사회의 변화는 교육의 변화에서부터 시작될 수 있고, 시작되어야만 합니다. 분명 교육은 사회의 모습을 투영하고 있지만, 동시에 사회가 지향해야 할 '이상'도 반영하고 있기 때문입니다.

인간다운 삶을 가르치는 교육, 자유롭고 정의로운 교육으로의 변화는 궁극적으로 사회를 바꾸는 혁명입니다. 타인과 함께 협력하는 법을 가르치고, 이를 통해 사회의 다양한 구성원들의 목소리에 귀 기울이고, 그 속에서 정의를 실현해나갈 수 있는 시민을 길러내는 일이기 때문입니다. 지금 다가온 이 변혁의 기회를 놓치지 않아야 합니다. 그것만이 이 어려운 시대의 희망이기 때문입니다.

# 2

# 정의로운 정체성을
# 만드는 교육

"부당한 대우를 받는 사람을 모른 체할 경우 결국에는 그 영향이 우리 모두에게 미치기 마련이다. 측은지심의 부재는 지역 공동체는 물론이고 나라 전체의 품위를 떨어뜨릴 수 있다. 두려움과 분노는 우리에게 복수심과 폭력, 불공평함과 부당함을 부추기며 결국에는 자비의 부재로 모두가 고통받는 그리고 타인을 괴롭힌 만큼 스스로를 자책하는 상황을 만든다. 대량 투옥과 극단적인 처벌 문제에 가까이 다가가면 갈수록 다음을 주지해야 한다는 생각이 점점 강해졌다. 우리 모두에게 자비와 정의감, 그리고 아마도 약간은 분에 넘치는 품위가 요구된다는 사실을."

– 브라이언 스티븐슨, 『월터가 나에게 가르쳐 준 것』, 30쪽, 열린책들

브라이언 스티븐슨은 흑인, 빈곤층, 청소년, 여성 등 사회적 약자에게 한없이 가혹한 미국의 형사 사법 제도를 바꾸는 활동을 하는 변호사입

니다. 2012년 캘리포니아 주에서 열린 TED 강연에서 "우리는 불의에 관해 말해야 합니다(We need to talk about an injustice)"라는 제목으로 연설을 펼쳐 TED 역사상 가장 긴 기립 박수를 받기도 하였지요. 그는 18세 미만의 미성년자에 대한 사형과 가석방 없는 종신형 선고 폐지를 이끌어내는 데 기여하고, 무고하게 또는 저지른 죄에 비해 과도하게 형량을 선고받아 사형수가 된 사람들 100여 명을 구제하는 등 미국 형사사법 제도의 불공정한 법 집행을 적극적으로 개혁해온 사회운동가이기도 합니다.

이러한 말들로 쉽게 브라이언 스티븐슨을 설명할 수도 있을 것입니다. 그런데 그가 쓴 책 『월터가 나에게 가르쳐 준 것』이 504쪽에 달하는 사례들로 가득하듯, 그의 삶을 구성하는 수많은 이야기가 있습니다. 가장 먼저 브라이언이 사법제도에 문제가 있다고 인식한 이유가 서문에 소개되어 있지요. 하버드대학교 로스쿨 학생으로 인턴 생활을 하던 그에게 첫 번째 임무가 내려졌고, 그것은 헨리라는 사형수에게 사형 집행이 1년 정도 연기될 것이라는 말을 전하는 일이었습니다. 첫 임무인 만큼 떨리는 마음으로 전달할 내용을 연습하지만, 준비한 말을 하나도 하지 못한 채 브라이언은 헨리에게 "미안하다"라고 말할 수밖에 없었습니다. 손과 발이 다 묶인 채 인간다운 대우를 받지 못하는 그의 모습과 열악한 교도소의 환경이 미안했고, 그에게 사형 집행이 취소된 것이 아니라 당신이 앞으로 1년은 죽지 않을 것이라는 말밖에 전할 수 없는 자신의 무능력함이 미안하기도 했을 것입니다. 하지만 그 말을 들은 헨리는 너무나 기뻐하며 고맙다고 말합니다. 자신이 언제 사형당할지 몰라서 가족 면회를 신청하지 못했는데, 이제 가족에게 자신을 만나러 오라고

할 수 있겠다면서 말이지요. 변호사 접견 시간이 끝난 후 다시 교도관에게 아무렇게 끌려나가는 순간에도 아름다운 찬송가를 부르며 자기 삶의 존엄성을 잃지 않으려는 헨리를 보며 브라이언은 다짐합니다. 흑인이라는 이유로, 가난하다는 이유로 죄 없이 수감되고 사형당하며 인간 이하의 취급을 받는 사람들을 위해 일하겠노라고 말이지요.

　브라이언에게는 이러한 삶의 결정적 순간이 많습니다. 그는 이러한 순간들을 자기 자신의 정체성이라고 말합니다. 아주 작지만 귀한 말과 행동, 느낌들을 놓치지 않고 기억하며, 그것이 자신에게 주는 힘을 믿지요. 예를 들어 아홉 살 때 할머니가 자신을 꼭 끌어안으며 세 가지 약속을 해달라고 부탁한 말을 평생 지키는 식으로 말입니다. 할머니는 "너의 어머니를 사랑할 것", "항상 옳은 일을 할 것", "술을 마시지 말 것"이라는 세 가지 약속을 부탁했는데, 브라이언은 52세까지 이 세 가지를 단 한 번도 어긴 적이 없다고 합니다. 그 말 자체가 갖는 중요성보다, 나에게 소중한 할머니가 나를 특별하게 여기며 한 약속이었고, 그 말이 자신의 정체성을 만드는 가장 중요한 말이 되었기 때문입니다.

『월터가 나에게 가르쳐 준 것』은 이러한 이야기들의 모음집입니다. 브라이언 스티븐슨이 교회에 강연하러 갔다 만난 한 흑인 청중이 강연이 끝나고 "자네는 정의를 위해 북을 쳐야 하네"라고 어깨를 치며 해준 말, 흑인 소년에게 내려진 과도한 판결을 막아야 하는 아무도 성공하지 못할 것이라 냉소하고 있었던 재판정에서 청소를 하는 흑인 관리인이 브라이언에게 "목표를 향해 똑바로 가라"라고 한 말이 그를 포기하지 않고 계속 살아 있도록 했습니다. 그는 곁에 있는 사람들의 목소리에 귀 기울일 줄 아는 사람이었고, 그 사람들의 얼굴을 볼 줄 아는 사람이었습니다. 그렇기에 인간의 존엄함을 누구보다 중요하게 여겼고, 그것을 지키기 위해 평생을 노력할 수 있었던 것입니다. 그는 "한 사회의 도덕성을 판단하는 진정한 척도는 그 사회가 빈곤층과 소외층, 피의자와 재소자, 사형수를 대하는 방식에 있다"라고 말합니다. 부유한 소수의 정의가 아니라, 눈앞에 고통받는 자들의 부정의를 없애고자 노력하는 브라이언 스티븐슨이 전하는 이야기를 통해 무엇이 인간으로서 마땅히 해야 할 일인지 다시 생각하게 됩니다.

브라이언 스티븐슨에게서 우리가 배워야 할 것은 바로 자기 정체성에 대해 진지하게 고민하고 품격 있고 존엄한 정체성을 갖기 위해 노력하는 삶의 태도입니다. '어떤 정체성을 가진 사람이 될 것인가?' 이 질문이 바로 교육이 해야 할 가장 중요한 질문입니다. 개인이 정체성에 대해 고민하게 하고, 그것이 조금 더 선하고, 자유롭고, 원대하며 아름다울 수 있도록 돕는 것이 바로 교육인 것입니다.

브라이언 스티븐슨의 말대로, 그것은 한 개인의 품격이자 곧 사회 전체의 품격입니다. 우리 사회에서 문제가 되고 있는 지점들은 교육이 어떤 정체성을 가진 개인을 길러냈는지를 살피면 아주 쉽게 보입니다. 일례로 우리 사회에 가장 큰 문제가 되고 있는 '이기심'은 결국 교육이 오직 내 것만을 위해 달려오는 정체성을 갖게 했기 때문에 생긴 것입니다. 반 친구에게 문제집 한 권, 필기한 공책을 빌려주는 것에 불편함을 느낀다는 아이들의 마음은 그냥 생긴 것이 아닙니다. 어떤 방법을 쓰더라도 1등을 하면 박수를 받는 사회에서, 브라이언 스티븐슨처럼 할머니와의 약속을 지키는 일을 가장 소중하게 여기는 것을 나의 정체성으로 가지기엔 참 어렵고 힘든 일입니다.

그렇다면 무엇이 인간의 존엄한 정체성인가요? 떠오르는 두 얼굴이 있습니다. 첫 번째는 한 아버지의 얼굴입니다. 2011년 노르웨이 우퇴위아섬에서 테러범 브레이비크가 총기를 난사하여 77명이 사망하는 대규모 총기 테러 사건이 일어났습니다. 살인 테러범은 체포되어 재판을 받았고, 죄를 뉘우치지 않았기에 최고 형량을 선고받았습니다. 그런데 문제는 노르웨이의 최고 형량이 21년이라는 사실입니다. 77명의 아무 죄 없는 사람의 목숨을 앗아간 사람이 고작 21년만 감옥살이하면 된다니, 유족들에게는 억장이 무너지는 일일 테지요. 그런데 테러로 아들을 잃은 아버지에게 그 사실에 분노하지 않느냐고 질문하자 아무 망설임 없이 그렇다고 답합니다. 자신은 그 형량에 수긍한다고 말하지요. 그 이유는 자신이 살인범처럼 남의 목숨을 마음대로 할 수 있다고 생각하지 않기 때문입니다. 살인범을 증오하지만, 그자와 같은 파렴치한이 되고 싶지 않은, 스스로 존엄하고자 하는 그 아버지의 모습은 인간의 숭고한 얼굴을 보여주었습니다.

두 번째는 故 안치범 씨입니다. 2016년 9월, 모두가 잠든 시각, 서울 서교동의 한 원룸에서 불이 났고, 화재 사실을 알게 된 그는 밖으로 대피해 가장 먼저 119에 신고를 했습니다. 그런데 그는 다시 원룸으로 뛰어 들어가 모든 집의 초인종을 눌렀습니다. 그 덕분에 모두가 안전하게 대피할 수 있었지만, 단 한 사람, 안치범 씨는 끝내 계단에 쓰러져 사경을 헤매다 열흘 후 세상을 떠났지요. 그는 왜 불길 속으로 다시 뛰어들었을까요? 운명이었을까요, 그 일이 있기 몇 달 전, 故 안치범 씨는 어머니와 뉴스를 보다 다른 사람을 위해 자신의 목숨을 잃은 사람의 소식을 들었고, 이에 서로 다른 의견을 말하며 언쟁을 했다고 합니다. 어머니는 아들에게 만약 저런 상황에 처하게 된다면 반드시 너부터 살아남아야 한다고 말했지만, 아들은 위험에 처한 저 사람의 어머니와 가족들에게 그 말이 얼마나 상처이겠냐고 말했다고 합니다. 마치 그 말을 증명이라도 해 보이듯, 자신이 평소에 믿는 신념과 가치대로 다른 사람들을 살리다 세상을 떠난 것입니다. 그가 그런 선택을 할 수 있었던 것은 자신의 삶이 부디 다른 사람들을 살릴 수 있기를 바라는 마음을 항상 갖고 있었기 때문이었을 것이고, 만약 화마에서 살아 돌아왔다면 지금도 더욱더 빛나는 삶을 살고 계셨을 것입니다.

사실 여기에 다 열거할 수 없을 만큼 정의로운 정체성을 가진 사람들은 세계에 너무나 많습니다. 특별한 재주와 능력이 있는 소수의 사람이 아니라, 지극히 평범하지만 선한 의지를 가지고 있는 의인들이 우리를

·· 1장. 공부는 좋은 사람이 되는 길이다

깨어 있게 합니다. 그 가능성을 모든 인류가 갖고 있음을 상기하기 때문입니다. 그 가능성을 어떻게 발현되게 할 것인가, 그 고민을 제대로 할 때, 우리의 삶과 사회가 직면한 많은 문제는 해결될 수 있습니다.

인간의 본성이 선한지 악한지 알 수 없습니다. 인류 역사를 모두 살펴보아도 그 두 가지 힘 중 무엇이 더 강한지 정확한 근거를 찾기 어렵습니다. 다만, 그 본성 중 무엇을 선택할 것인지는 전적으로 우리에게 달려 있습니다. 공부는 내가 어떤 선택을 할 것인가, 그 선택이 다른 사람에게 혹은 사회 전체에 어떤 영향을 미칠 것인가를 상상하는 능력입니다. 나와 나를 둘러싼 이 세계를 제대로 보고자 하는 노력이 인간의 선함을 가능하게 할 것입니다. 그러므로 공부는 정의로운 정체성을 기르는 일입니다. 이 자명한 사실을 이제 더이상 망각하지 않아야 합니다.

# 3

# 인간을 위한 교육

### 지금 해야 할 일을 하는 것

2019년 11월, 대입 공정성을 강화하기 위해 학생부종합전형(학종)을 폐지하고 정시를 늘린다고 교육부가 발표했습니다. 2021년부터 2024년까지 대입제도를 점차 바꿀 것이므로, 2020년도 고3부터 중3까지 모두 매년 다른 입시제도를 치러야 합니다. 자기소개서, 교사추천서, 논술을 없애고 비교과 영역인 자율동아리 개수를 제한하고, 독서 이력도 완전히 지우겠다고 합니다. 분명 대입 공정성을 위해 만들어진 방안이라는데, 방법적으로는 전혀 그렇지 않습니다. 물론 이 제도로 조금 더 유리해진 사람이 있을 것입니다. 우리나라 교육 제도는 매번 이런 식이었습니다. 정시와 수시 비율을 조금씩 바꿔가며, 늘 '대입'에 맞춰져 있는 획일화된 교육으로, 이번 해에는 누구를 더 유리하게 대학에 가게 해줄지 수 싸움을 하고 있는 형국입니다.

매번 주먹구구식으로 바뀌는 교육 제도는 결국 누가 고통받을지 정하는 일입니다. 이 구조적인 폭력에서 고통받는 사람의 숫자가 줄기는 커녕 계속 늘고 있는데, 이런 한 치 앞도 보지 못하는 선택들로 결국 이 번에는 네가 고통받고, 다음에는 내가 고통받는 식입니다. 대입 제도가 바뀌면서 조금 유리해진 고지를 차지하는 사람들은 살아남겠지만, 그 렇지 못한 아이들은 고통에 시달리다 최악의 경우 목숨까지 끊습니다. 매해 수능이 끝나면 자살하는 학생이 있다는 소식에 이토록 무감해진 사회가, 과연 2019년 자살률이 2018년 대비 22%나 증가한 한국 청소년 자살자를 구해낼 수 있을까요? 2015년부터 2018년까지 청소년 자살률 은 무려 55%가 증가했습니다. 무려 459명입니다. 물론 모두 성적을 비 관해 자살한 것은 아니겠지만, 분명 우리는 교육을 통해 아이들이 스스 로 희망을 찾는 능력을 전혀 주지 못하고 있습니다. 이 무자비한 구조적 폭력을 멈추는 것이 교육 제도의 개혁이어야 하지 않습니까? 아니, 이 제 제발 대학교에 가기 위한 교육을 멈추고, 삶을 위한 교육을 시작해야 하지 않겠습니까?

애니메이션 〈겨울왕국 2〉에는 반복되는 대사가 있습니다. "미래가 보 이지 않을 때, 네가 할 수 있는 것은 지금 해야 할 일을 하는 것뿐이란 다.(When you can't see the future, all you can do is the next right thing)" 이 말은 우리 사회의 많은 문제를 해결할 힘을 갖고 있습니다. 지금 우 리 교육 제도가 어떻게 바뀔지는 알 수 없습니다. 도대체 무엇이 정확히 문제의 출발이었는지, 이 산적해 있는 수많은 문제를 해결할 수는 있을 지 앞이 깜깜합니다. 그렇다면 지금 당장 해야 할 일을 해야 합니다. 그 것이 무엇인지 우리는 모르지 않습니다. 죽어가고 있는, 삶의 기운을 잃 어가고 있는 눈앞의 아이들을 구하는 일입니다. 제발 이 아이들이 더이

코로나19로 전 세계적에서 시행된 물리적 거리두기 운동 ©연합뉴스

상 삶의 의지를 잃지 않도록, 각자 자신의 아름다움을 발견할 수 있도록, 제발 사람답게 살 수 있도록, 학부모와 교사가 이 문제를 통감하여 아이들의 이야기에 귀 기울이고, 학교 공간을 바꾸고, 교육 내용을 바꾸면서, 그렇게 교육 제도는 바뀌어갈 것입니다. 제도는 필요에 의해 바뀌어야 합니다. 왜 바꾸는지 제대로 된 합의도 없는 제도의 변화가 우리의 삶을 관통하도록 내버려두는 일을 절대 용납해서는 안 됩니다.

국제보건의사 폴 파머는 "우리에게는 만족스러운 이 세계가 그들에게는 철저하게 파괴적인 세계와 동일한 세계"를 구조적 폭력이라 말합니다. 에어컨을 켜서 내가 만족스러워지면 바로 바깥에 실외기 바람을 맞는 세계가 파괴되고, 모두가 원하는 대학에 들어갈 수 없고 오직 시험 점수로 등수를 매겨 능력을 재단하는 사회 속에서는 내가 서울대에 입학

·· 1장. 공부는 좋은 사람이 되는 길이다

© 연합뉴스

코로나19 선별 진료소

하면 누군가는 불합격이 되어 패배자가 되는 모습으로 구조적 폭력을 쉽게 이해할 수 있습니다. 모두가 누릴 수 없고 누군가가 독점해야만 하는 것만 지향하는 세계는 철저히 파괴적일 수밖에 없습니다. 이것만으로도 우리 교육이 바뀌어야 하는 이유는 더 설명하지 않아도 됩니다. 교육의 변화는 정치와 경제라는 사회 전반의 변화이기에, 교육 문제는 대한민국이라는 나라가 어떤 가치철학을 가진 나라일지, 어떤 삶의 문화를 시향하는 나라일지 시민 모두가 함께 고민하고 책임질 문제입니다.

그렇다면 전염병의 공포가 전 세계를 휩쓴 지금 이 순간, 우리가 해야 할 일은 어떤 가치가 가장 중요한 것인지에 대해 생각하는 것, 그리고 그것을 지켜내기 위해 어떤 노력이 필요한지 고민하고 이를 바로 실천하는 일일 것입니다.

# 전염병의 시대, 무엇이 가장 중요한 가치인가?

· 김예린(15세) ·

코로나19 사태로 마스크를 사지 못하는 경우가 폭증했습니다. 개인이 사재기한 다음에 비싼 값으로 되파는 일이 공공연하게 일어났습니다. 혹은 꼭 마스크를 쓰지 않아도 될 사람들이 너무 많이 사들여 문제가 된 적도 있지요. 몇몇 사람들은 이를 '약탈'이라 부르기도 합니다. 그로 인해 저소득층 사람들은 '안 그래도 마스크 사기가 힘든데 우리 살 것까지 가져가니 더 힘들다'며 불만을 토로하고 있습니다. 저는 이러한 이기심의 반의어 '이타심'에 대하여 이야기해보고자 합니다.

이타심의 사전적 정의는 '남을 위하거나 이롭게 하는 마음'입니다. 전염병이 퍼진 지금 상황에서는 무엇보다 이타심이 가장 중요합니다. SNS에는 '나는 마스크 여분이 있으니 사러 나가지 않겠다, 나 대신 마스크가 정말 필요한 분들이 대신 사셨으면 좋겠다'라는 글이 많이 올라옵니다. 나누지 않으면 모두가 살아남기 힘든 상황에서는, 많이 소유한 사람은 조금 소유한 사람에게 자신이 가진 것을 나누어주며 잘 극복해야 합니다. 또한, 코로나 사태를 경험한 것을 토대로 다음 위기를 잘 대비하고 예방해 피해자들이 생겨나지 않기를 간절히 바랍니다.

· 이지원(14세) ·

지금 우리나라에는 코로나19로 인해 고통받는 사람들이 많이 있습니다. 모두가 다 힘든 시기이지만, 이러한 상황에서도 용기 있는 사람들은 분명 있습니다. 코로나 확진자가 비교적 적은 지역의 간호사, 의사들도 그

중 하나입니다. 그들은 자발적으로 휴가를 내고 대구에 가서 자원봉사를 하고 있습니다. 코로나19에 전염될 수도 있는데도 말입니다. 모두가 자신만의 안전을 위해 불안해하고, 공포가 만연한 분위기 속에서도 이러한 사람들의 용기 있는 행동을 보며 우리는 또다시 희망을 품어봅니다.

· 김보민(16세) ·

사람은 극한의 상황에서 본성을 드러낸다고 합니다. 이기적이고 추악한 모습을 보이기도 하고, 서로 협동하며 위기를 헤쳐나가기도 하죠. 코로나19가 전 세계에 퍼진 지금, 우리 사회는 어떤 모습을 하고 있나요? 공적 마스크 판매가 이루어지기 전에는 마스크 가격이 몇 배씩 뛰어 가난한 사람들은 살 수 없게 되었고, 인터넷 쇼핑몰의 모든 생필품이 일시 품절 상태가 되기도 했습니다. 하지만 가장 마음이 아픈 것은, 전염병의 공포로 인하여 사람들이 서로를 혐오하고 비난하게 되었다는 것입니다. 특정 확진자를 '슈퍼 전파자'라며 비난하였고, 제대로 알지 못한 채 정부를 비판합니다. 근거 없이 떠도는 가짜 뉴스들을 맹목적으로 믿기도 합니다.

코로나19는 우리의 일상을 완전히 뒤바꿔놓았습니다. 그리고 원치 않게 빼앗긴 일상은 사람들을 분노하게 만들었습니다. 문제는 우리가 잘못된 대상에게, 잘못된 방식으로 분노하고 있다는 것이지요. 질병이 퍼트린 공포와 불안함을 이겨내려, 나도 모르게 우리는 더 나은 미래를 꿈꾸기보다는 이미 지나버린 과거를 탓하고 있습니다. 혐오하고 멸시하는 것을 당연하다고 착각하며, 그렇게 우리는 제자리에서 서로를 비난하고만 있죠.

잘못에 책임을 묻는 것이 나쁘다는 말은 결코 아닙니다. 그러나 책임을 물음과 동시에, 앞으로 어떻게 해나가야 할 것인지에 대한 질문도 반드시 필요합니다. 단순히 "네가 잘못했어"라는 말은 그 어떠한 변화도, 희망도 가져오지 못합니다. 이제 누군가를 미워하기만 하는 행동은 안 했으면 좋겠습니다. 잘못에는 반드시 책임을 묻되, 이 사태를 이겨내기 위해 노력하는 사람들을 잊지 맙시다. "이건 싫어, 저건 안 돼"라는 말보다도, "이렇게 되어야 해, 희망을 만들 수 있어"라고 말할 수 있길 바랍니다. 무엇보다도, 내일은 더 나아질 거라는 희망을, 희망을 현실로 바꾸기 위한 실천을, 인류에 대한 사랑을 잃지 않을 수 있기를 간절히 바랍니다.

## 어떤 양심이 우리를 지켜줄 것인가?

· 박유진(16세) ·

제가 생각하기에 양심은 남들이 옳은 일을 하지 않아도 나만큼은 옳다고 생각하는 일을 하는 것이라고 생각합니다. 죽어가는 사람을 봤을 때 목숨을 아끼지 않고 달려가는 그런 용기까지는 아니더라도, 모든 사람이 편하다고 말하며 페트병을 쓸 때, 나만큼은 페트병이 바다를 오염시키고 바다 생물들을 괴롭게 하니까 사용하지 않겠다고 당당하게 말하는 행동들이 양심 있는 행동이라고 생각합니다. 작고 사소한 행동이더라도 나쁘다는 걸 알면 내가 약간 불편해지더라도 멈출 수 있는 그런 양심이 필요하다고 생각합니다.

· 이유진(16세) ·

옳지 않다고 생각하는 것을 당당히 말할 수 있는 것이 양심이라고 생각합니다. 무엇이 옳고 그른지 단정 지을 수는 없습니다. 하지만 지금 벌어지는 일이 비윤리적이거나 희생을 강요하는 일이라면, 일어나서는 안 될 일이 일어나고 있다면 가만히 두려움에 떨고 있는 것보다는 이 일은 옳지 않다고 사람들에게 말하는 것이 바로 양심입니다. 그 말을 함으로써 자신에게 불이익이 생길 수도 있습니다. 하지만 그렇다고 입을 다물고 있다면 세상은 나아지지 않습니다. 우리가 양심을 지켜야 한다는 생각이 가슴 속에 있고, 그것을 실천할 때 비로소 양심 있는 사회가 될 수 있습니다.

· 김가윤(14세) ·

저는 우리 사회가 공부만 강요하지 않았으면 좋겠습니다. 공부 때문에 스트레스를 받아서 안 좋은 생각을 하는 학생들이 점점 늘어납니다. 인간의 생명은 공부에 비할 바가 아닙니다. 한 사람 한 사람의 생명을 지킬 수 있으려면 우리 사회가 너무 공부만 강요하지 않는 사회가 되면 좋겠습니다.

· 김지성(16세) ·

우리 사회에서 꼭 지켜야 하는 양심은 '침묵하지 않기'라고 생각합니다. 저는 제일 양심에 찔릴 때가 틀린 것을 보고 말을 못 할 때입니다. 사실 저를 포함한 많은 사람들이 사회의 부당하거나 올바르지 않은 일을 보아도 외면하고 지나치는 경우가 많습니다. 특히 우리나라에서는 "괜히 일 크게 만들지 말자"라는 생각 때문에 더욱 침묵하게 됩니다. 하지만 불의의 시작이 침묵이며, 침묵을 깨고 진실을 말하기 시작할 때, 변화는 시작될 것입니다.

우리 사회에 보편적 도덕 기준은 '관심'이 되어야 한다고 생각합니다. 제가 이렇게 생각하는 이유는 무관심한 사회가 개인에게 미치는 영향은 시간이 지나면 지날수록 더 위험하다고 생각하기 때문입니다. 뉴스에서 흔히 볼 수 있는 다양한 기사들이 있습니다. 누군가는 지나친 경쟁으로 인한 스트레스로 자신의 삶을 포기하고, 누군가는 남의 집 앞에 불을 내서 사고를 일으키는 등 다양한 사건, 사고들이 일어납니다. 하지만 사람들은 어떤 일을 비난할 뿐, 예방하려고 하지 않습니다. 누군가 자살하기 10분 전 위로의 한마디를 건넸다면, 누군가 불을 지르기 전에 관심을 가졌다면 일어나지 않을 일은 아니었을까요? 관심을 가졌다면 일어나지 않을 일들이 많습니다.

우리 사회가 양심을 지키려면 이해와 공감을 해야 한다고 생각합니다. 적어도 한 사건이 일어났을 때 그 사건을 깊게 이해하고 관련된 사람들에게 공감한 후에 이야기하는 것이 좋다고 생각합니다. 작게는 친구 간의 다툼부터 크게는 난민 문제, 남녀차별 문제까지 사람들은 자신이 아는 한에서 생각하고 판단하게 됩니다. 그러면 오해가 생기고 거짓된 정보가 발생하면서 혐오적인 시선이 생겨납니다. 양심적으로 행동하려면 일단 그 문제나 사건에 대해서 적어도 제대로 이해하고자 노력하고 공감한 후에 판단해야 한다고 생각합니다. 대부분은 모두 자신이 생각하기에 옳은 쪽으로 행동하려고 합니다. 하지만 자신이 올바르다고 믿는 것이 잘못될 수도 있다는 생각을 해야 합니다.

우리는 항상 이기적으로 행동하고, 자기 이익을 먼저 내세웁니다. 자기 중심적인 생각으로 살아가며 서로를 수단으로 대하기 쉽습니다. 우리는 상대방의 존엄성을 인정해주고, 존중받을 자격이 있다는 것을 끊임없이 되새겨야 합니다. 그리고 우리는 서로 보듬을 수 있는 인간애를 가져야 합니다. 또한 너그러운 자비를 약하고 힘든 사람에게 베풀어야 합니다. 우리가 상대방보다 더 나은 사람이라는 생각보다 똑같이 소중한 사람이라고 생각할 때 서로를 존중하고 아끼게 될 것입니다.

# 4

# 깨어 있는 시민을 기르는 삶을 위한 교육

눈뜬 자들의 도시는 전염병의 공포에 스러지지 않는다

영화 〈레 미제라블〉에는 원작 소설에서 느끼지 못한 특별한 울림을 자아내는 장면이 있습니다. 바로 마지막 장면이지요. 장발장의 영혼이 죽음으로 비로소 구원받으며 육체에서 빠져나오자 화면에 빛이 가득 들어차며 나지막한 민중의 노랫소리가 들려옵니다.

| | |
|---|---|
| Do you hear the people sing? | 사람들의 노랫소리가 들리는가 |
| Singing a song of angry men? | 분노한 이들이 부르는 노랫소리가 |
| It is the music of a people | 이것은 민중의 음악이니 |
| Who will not be slaves again! | 다시는 노예가 되지 않으리라는 |
| | 목소리요 |

장발장은 미리엘 주교가 자신에게 베푼 조건 없는 선행으로 인해 새

　　· · 1장. 공부는 좋은 사람이 되는 길이다

영화 〈레 미제라블〉의 한 장면

로운 인간적 삶에 눈을 뜹니다. 그리하여 평생 눈앞의 고통받는 약자에게 선의를 베풀고 사랑을 실천하는 성인의 삶을 살지요. 그러나 그는 고통받는 프랑스 민중이 처해 있는 구조적 모순에는 관심을 두지 않습니다. 그들이 왜 계속 가난을 대물림하며 불행한 처지에서 벗어나지 못하는가에 대한 고민에는 끝까지 눈을 뜨지 못하지요. 그렇기에 장발장의 헌신은 그 주위에 있었던 몇몇 약자를 구원했을지언정, 비참한 사람들을 끊임없이 만들어내는 시대를 변화시키지는 못했습니다.

소설 『눈먼 자들의 도시』에는 정말로 눈이 먼 자들이 나옵니다. '백색 실명'이라는 전염병이 창궐해 '그 도시' 사람들이 점점 하얗게 눈이 머는 것입니다. 이 소설은 눈이 멀어 가면서 나타나는 인간의 추악한 본성을 적나라하고 구체적으로 묘사하고 있습니다. 소설 속 사람들은 혼란과 공포 속에서 자신의 안전과 욕구를 충족하기 위해 폭력과 살인, 강간 등의 악행을 저지르지요.

그 속에 단 한 명의 '눈뜬 자'가 있습니다. 백색병에 걸리지 않은 '의사의 아내'는 점점 포악해지는 사람들에게 공포를 느끼며 처음에는 자신이 병에 걸리지 않았다는 사실을 숨깁니다. 하지만 결국 극악한 짓을 일삼는 약탈 집단의 우두머리를 죽이고 자신은 눈이 보임을 밝힙니다. 그리고 같이 있던 무리의 사람들을 돌보며 사랑으로 이루어진 작은 공동체를 만들지요. 그 순간, 사람들의 눈은 다시 보이기 시작합니다.

『눈먼 자들의 도시』의 후속편인 『눈뜬 자들의 도시』에서는 '백색실명'이 일어나고 4년 후의 이야기를 다루고 있습니다. 다시 앞을 볼 수 있게 된 사람들의 도시에 선거 날이 찾아옵니다. 날씨가 좋지 않아 투표율이 저조할 것이라 예상했지만, 개표 결과는 예상 밖이었습니다. 많은 사람이 투표소로 모였고, 더 놀라운 것은 전체 투표의 83%가 아무도 선택하지 않은 백지투표라는 사실입니다. 눈뜬 시민들은 더이상 몇 가지 선택지 중에 하나를 골라 또다시 무능한 정부가 탄생하는 것을 거부했습니다. 주동자가 누군지도 모르고 어떤 이가 참여했는지도 확실치 않은 이 사건을 두고 정부는 민주주의를 위협하는 테러 행위라고 규정하고 계엄령을 선포한 뒤, 도시를 떠나버립니다. 정부는 질서가 없는 상태에서 시민들이 혼란을 자처할 것이라 기대하지만, 예상과는 달리 시민들은 스스로 질서를 만들며 평화로운 공동체를 지켜나갑니다. 정부는 여전히 문제를 해결하려는 노력은 하지 않은 채, 권력을 지속시키려는 욕망만으로 시민들을 선동하고 불화를 획책하려고 노력하죠. 이 책은 권력에 눈이 먼 자들이 지배하는 사회에서 어떻게 민중이 눈을 뜨고 권력을 행사해 진정한 민주주의를 실현할 수 있을지 물음을 던지고 있습니다.

〈레 미제라블〉, 『눈먼 자들의 도시』, 『눈뜬 자들의 도시』, 이 세 가지 이야기 속에서 우리는 동일한 문제의식을 생각해볼 수 있습니다. 여기에는 각각 두 개의 '눈멂'과 그에 상응하는 두 개의 '눈뜸'에 대한 의미가 담겨 있습니다.

첫 번째 '눈멂'은 바로 현대인 대다수가 경험하고 있는 타인에 대한 책임과 배려와 같은 인간적인 가치의 상실입니다. 하지만 이는 어떤 계기를 통해 쉽게 회복되기도 합니다. 〈레 미제라블〉에서 장발장이 그랬던 것처럼, 그리고 『눈먼 자들의 도시』에서 의사 아내와 그와 함께했던 사람들이 그랬던 것처럼 타인에 대한 사랑의 힘은 서로에게 전염되어서 퍼져 나가기도 합니다. 그리고 오늘날에도 수많은 자선단체와 공정무역단체, NGO 단체 등이 이러한 공동체적 가치에 눈뜨고 전 세계에서 활동하고 있지요.

어쩌면 더 심각한 문제는 두 번째 '눈멂'에 대한 각성입니다. 두 번째 '눈멂'이란 부와 권력을 차지한 소수가 대다수의 사람들을 지배하고 있는 사회 자체의 구조적 모순에 대한 인식의 부재입니다. 단순히 타인에 대한 배려나 사랑과 같은 심정적 동기를 필요로 하는 것이 아닌, 우리가 살아가고 있는 사회 체제와 구조가 지니고 있는 모순에 대한 통찰과 이해, 그리고 행동과 실천이 필요합니다.

그렇다면 우리는 어떤가요? 어쩌면 우리 대부분은 여전히 '눈멂'을 겪고 있는지도 모릅니다. 일상에서 우리는 타인에게 무심한 채로 자신의 이익만 추구하며 살아가고 있고, 우리 사회가 지니고 있는 구조적 모순에는 그다지 큰 관심을 두지 않습니다. 그러다가 선거철이 되면 뚜렷한 정치적 철학이나 구체적 정책은 부재한 채로, '경제민주화'나 '국민대통합' 같은 비슷한 구호들이 가득하게 되지요. 우리에게 주어진 몇 가지 선택지 중에서 한 가지를 고르는 것밖에 달리 할 수 있는 것이 없다고 느낍니다.

그러한 수동적인 역할에 머무르지 않고, 시대의 구조적인 문제를 직시하고 해결하기 위해서는 내가 어떻게 존재하고 있는지 다시 사유하는 과정이 필요합니다. 모든 인간은 타인과 관계를 맺으며 살아가고 있고, 그것은 단순히 매일 얼굴을 마주 보는 이웃의 범위를 넘어서 전 세계, 전 생명 공동체의 범위를 아우릅니다. 또한 역사적으로 과거와 미래를 잇는 오늘날의 새로운 역사를 만들어가는 주체로서 '나'를 인식할 수도 있습니다. 이런 문제의식 아래서만 사회 속에서 그 관계가 어떻게 구조화되어 있는지를 알 수 있고 희망을 모색할 수 있는 것입니다. 그것은 오늘날 쓸모 있는 인문주의란 무엇이며 어떤 역할을 할 수 있을 것인지를 다시 묻게 하는 지점이기도 합니다.

그렇다면 과연 우리는 눈먼 사람들일까요? 그렇다면 무엇에 눈멀어 있는 것일까요? 그리고 이 눈먼 자들의 도시에서 우리가 믿고 의지해야 할 '눈뜬 자'의 존재와 그 역할을 인문학은 과연 할 수 있을까요?


## 인간다운 삶을 향하여

사회적 문제에 적극적으로 목소리를 내는 문학가 오에 겐자부로의 작품 중 『새싹 뽑기, 어린 짐승 쏘기』라는 소설이 있습니다. 전쟁 중 전염병까지 도는 극한 상황에서 어른들에 의해 버려지고 마을에 고립된 15명의 감화원 아이들은 살기 위해 몸부림치면서도 결코 인간적 면모를 잃지 않았습니다. 인간성, 양심, 윤리 등, 여러 이름으로 부를 수 있는 그들이 지키고자 했던 그것은 눈앞의 이익이 인간의 존엄성에 앞설 수 없다는 아주 단순하고도 간단한 진리를 다시 우리에게 일깨웁니다.

사회에서 눈엣가시처럼 여겨지는 감화원 아이들이었지만 전염병이 도는 마을에 갇히고 어른들 없이 지내는 그 시간 동안 아이들은 그들만의 세계를 만들어 순수한 유대와 사랑을 피워냈지요. 그러나 열흘 후 어른들이 다시 돌아온 마을에서 아이들의 존재는 마을을 쑥대밭으로 만들어놓은, "남의 집에 멋대로 들어가고, 음식을 훔치고, 도대체 너희들은 어떻게 되먹은 녀석들"이냐는 소리를 듣는, 처벌받아야 마땅한 '감화원' 아이들일 뿐입니다. 더 나아가서 마을 사람들은 전염병에 걸린 사람들과 아이들을 놔두고 도망쳤던 자신들의 행동을 모두 왜곡하려고 시도하기에 이릅니다. "너희들은 마을에 도착하고 나서 아주 평범한 생활을 한 걸로 해. 마을에 전염병은 유행하지 않았다. 마을 사람들은 피난하지 않았다. 이렇게 하는 거야. 이러는 편이 성가신 일도 없고 좋아. 알았어?"라고 말이지요.

인간이기에 우리는 타인의 생명을 소중히 하고 그들의 권리를 인정하는 또 다른 본성을 지켜야만 합니다. 오늘날 세계는 그런 마음들을 지켜나가기에 어려운 점이 많습니다. 모두 마을 어른들처럼 잘못을 숨기고 싶어하고 위험으로부터 도망가길 원하기 때문이죠. 그렇다면 모든 순간에 인간성이 최우선이 되는 개인으로 성장할 수 있는 방법은 무엇일까요? 우리는 어떻게 인간의 생명과 같은 존엄성이 보호받는 사회를 만들 수 있을까요?

인간다움의 개념은 굳이 말할 필요가 없다고 생각합니다. 우리가 옳다고 생각하는 것, 당연히 그래야 한다고 생각하는 것이 결국 인간성입니다. 하지만 우리는 그렇게 하지 못합니다. 내가 받을 피해를 감수하기 싫기 때문입니다. 이익을 우선시하는 사회 속에서 개인의 이익을 버려가며 남을 위해 헌신하는 일은 힘든 일이기 마련입니다. 모든 순간에 인간성이 최우선이 되는 개인으로 자라기 위해서는 자신의 이익을 내려놓을 수 있는 대담함을 가져야 합니다. 그러한 선택에 거리낌이 없는 새로운 세대가 탄생해야 합니다.

새로운 세대는 이런 측면에서 단순히 나이가 어린 사람들을 칭하는 것은 아닙니다. 누군가는 잔인하고 야만적인 사회를 경험하지 못했기에 그들이 아직 순수한 가치들을 지니고 있다고 말하겠지만 그 가치들은 결국 우리가 진실로 필요로 하는 것들입니다.

『새싹 뽑기, 어린 짐승 쏘기』에서 감화원 아이들은 과거엔 잘못을 저질렀지만, 모두 함께 연대하고 사랑해야 한다는 사실들을 아는 아이들이었습니다. 그러나 마을 사람들의 오해와 책임감 없는 행동에 의해서 '새싹'들은 잔인하게 뽑혀졌고 그들은 시련과 고통을 딛고 일어난 '어린 짐승'들을 다시 한번 더 쏨으로써 모든 것을 감추려고 했습니다. 왜일까요? 마을 사람들은 자신들의 유치하고 비겁한 행동이 부끄러웠음과 동시에 전염병이 돌고 있던 그 마을에서 자신들과 달리 삶을 유지해 나갔던 아이들이 부러웠기 때문일 것입니다. 그들은 그 사실을 인정하기 싫었음이 틀림없습니다. 촌장은 탈출 후 감화원으로 다시 돌아가지 말라는 조건을 내걸기도 하는데, 진실을 밝히려는 소년이 그 어디에도 속하지 못한 채 영원한 아웃사이더의 삶을 살기를 바라는 촌장, 그리고 촌장으로 대두되는 마을 사람들의 모습은 비겁하다 못해 추악해 보였습니다. 진실이 알려지는 것이 그렇게도 두려웠던 걸까요?

전 세계의 많은 소설에 아이들이 등장하고, 공통적으로 그 아이들은 지금의 기성세대와 다른 새로운 '희망'을 추구했던 점으로 미루어보아 우리는 그들, 아니 그 범주에 속하는 우리가 가진 가능성에 대해 다시 한번 더 생각해볼 수 있습니다. 하지만 이 소설들이 단지 희망만을 이야기했다고는 생각하지 않습니다. 책을 읽으면서 아이들이 만들어나간 화합의 공동체뿐 아니라 어른들의 무책임한 태도도 눈에 띄었습니다. 자신들이 벌인 일의 뒤처리를 아이들에게 맡기고 그 사실을 알리려고 하지 않는 자들. 늘 사회적 문제가 일어나고 대규모 참사가 발생하면 미안하다는 말만 되풀이하는 지금의 기성세대와 다를 바가 없었습니다. 책임도 지지 못할 문제를 만들어놓고 뒤처리는 다음 세대에게 던져버리는 사람들이 되기 싫다는 단호한 결의가 필요합니다.

『새싹 뽑기, 어린 짐승 쏘기』는 주인공 소년이 대장장이의 쇠몽둥이를 피해 밤의 숲을 내달리는 것으로 끝납니다. 우리는 그가 자유를 찾았는지, 굶어 죽었는지 혹은 감화원에 다시 돌아갔는지 알 수 없습니다. 소년, 즉 진실을 알리려는 용기 있는 자들의 행보가 캄캄한 나뭇가지가 가득한 숲처럼 불투명할 수밖에 없다는 사실이 안타깝고 두렵습니다. 하지만 만약 소설 속 다른 아이들이 그의 뒤를 따른다면 어떨까요? 그리고 남은 아이들이 소년을 찾아와 다시 한번 희망의 공동체를 만든다면요? 더이상 암울한 끝을 그리지 않아도 되는 순수하고 의리 있는 공동체가 다시 만들어지지 않을까요?

레베카 솔닛의 『이 폐허를 응시하라』에는 '외상 후 성장'이라는 심리학적 개념이 소개되어 있습니다. 정신적 충격 이후 비슷한 현상에 트라

한 스페인 시민이 의료진에게 감사를 전하기 위해 의사 가운을 창문에 걸어두었다. ©연합뉴스

우마를 겪게 되는 '외상 후 장애'는 이미 많이 알려져 있는 반면, 외상 후 성장은 다소 생소한 개념입니다. 외상 후 성장이란 강력한 외부의 충격으로 상실을 경험한 이후, 자기 삶의 방식을 전보다 나은 쪽으로 재건하려는 변화를 뜻합니다. 이는 개인뿐만 아니라 집단, 사회에도 마찬가지로 발견되는 현상이며, 대체로 자신들의 능력과 힘을 새롭게 평가하여 올바르게 활용하게 된다고 합니다.

우리는 혹시 외상 후 장애라는 말 속에 갇혀 산 것은 아닐까 생각해봅니다. 비인간적인 입시제도, 지나친 경쟁구도, 무한 이기주의 속에서 우리가 겪는 정신적 외상은 분명 고통스럽습니다. 그러한 환경에서 나고 자란 지금 젊은 세대들이 겪는 공허함과 허무함이란 이루 말할 수 없는 시대적 상처입니다. 하지만 그를 장애로 안고 살 것인가, 이를 딛고 더 나은 삶을 재건할 것인가의 문제는 전적으로 이들의 손에 달려 있습니다. 우리 시대에는 무자비한 학교 폭력으로, 각박한 입시 제도로 수많은 청소년이 죽음을 택하는 가슴 아픈 고통이 더이상 없기를, 가난하다는 이유로 천대받고 짓밟혀야 하는 절망적인 서러움이 없기를, 전염병이 창궐하는 순간 나만 살겠다고 이기적인 선택을 하지 않기를, 인간의 무분별한 욕심 때문에 수많은 생명이 이 지구에서 완전히 사라져야 하는 위기가 없기를 간절히 바라는 마음들은 결국 더 나은 세상을 향한 최선의 선택을 가능하게 할 것입니다.

그런데 코로나로 멈춘 교육 현장을 보며, 여전히 시험 일정과 수능을 제일 먼저 걱정하는 우리 사회를 봅니다. 생명을 구하고자 하는 마음을 가지는 것이 진짜 필요한 능력으로 발휘되는 것을 확인한 지금, 그 능력을 신장하는 것이 바로 우리 교육이 향해야 할 방향성이라고 생각합니다. 코로나 시대, 우리 교육은 무엇이 중요합니까? 여전히 '국영수사과', '수능과 시험'올 강조하는 낡은 생각에서 벗어나야 하지 않을까요?

함께 생각해봅시다. 지금 코로나 사태로 여실히 드러난 우리 사회의 문제점은 무엇인가요? 그리고 그 속에 가장 빛나는 가치는 무엇인가요? 그 가치를 지켜내기 위해 우리에게 지금 필요한 교육은 무엇인가요?

# 두려움을 이기는 연대의 힘

· 김보민(16세) ·

코로나19가 퍼진 후, 일부 사람들이 특정 확진자를 '슈퍼전파자'라고 부르자, 처음에는 그들이 무척 한심하고 이기적이라고 생각했습니다. 저런 사람들 때문에 이 사태가 종식되지 않는 거라며 분노에 가득 차기도 했죠. 그런데 시간이 지나고, 그들을 조금 더 자세히 들여다보았을 때, 조금 다른 게 보였습니다. 그 사람들은 두려움과 불안에 가득 차 있었습니다. 그들은 이 상황에서 이기적으로 변하지 않으면 내가 다칠지도 모른다는, 내가 가진 것을 빼앗길지도 모른다는 공포심과 불안감에 빠져 있었습니다. 어떻게든 불안한 마음을 덮으려고 마스크와 생필품을 사재기했고, 그 속에서 얄팍한 안정감이라도 얻으려 애쓰고 있었습니다.

문득 코로나19가 기승을 부릴 수 있었던 것은 우리가 공포심과 불안에 떨고 있기 때문이라는 생각이 들었습니다. 2020년인 지금, 기술은 발전했고, 치료제를 향한 연구도 빠르게 진행되고 있습니다. 우리가 잘 대처하기만 한다면 무난히 넘어갈 수 있었던 일이지만, 발병 초기에 지나친 마스크 사재기, 그로 인한 가격 폭등, 빈부에 따른 마스크의 공급량의 차이와 같은 요인들이 코로나19의 확산을 돕고 있었을지도 모릅니다.

그런 공포심을 가진 사람들을 비난하는 것이 아닙니다. 인간의 당연한 본성이자 감정인 공포를 이겨낸다는 것은 쉽지 않죠. 게다가 내 모든 것을 걸고 다른 사람들과 경쟁하며 살아야 하는 사회 속에서는 더더욱 그럴 것입니다. 수능이 연기되고, 학교에 가지 않는 것은 결코 우리에게 편안한 상황이 아닙니다. 불안하고 초조한 마음이 드는 것이 어쩌면 당연할지도

·· 1장. 공부는 좋은 사람이 되는 길이다

모릅니다.

하지만 그럼에도 불구하고, 그 두려움을 이겨낸 사람들이 있습니다. 그러니 변명하지 말고, 이제는 공포를 덮기 위한 이기적인 행동들은 그만합시다. 불안을 바탕으로 한 혐오와 비난은 멈추기로 해요. 혹여나 내가 잘 못될까봐 걱정되기도 할 것이고, 남들은 이 상황 속에서도 열심히 과외받고 공부하고 있는데 나만 뒤처지는 것 같아서 불안하기도 할 거예요. 그럼에도 당당하고 멋있게, 공포를 이겨내고 위기를 헤쳐나가는 우리의 모습을 한번 꿈꿔봅시다.

· 이유진(16세) ·

밖에 나가지도 못하고 집에 갇혀있다시피 하는 요즘, 평소처럼 휴대폰을 두드리다가 코로나 바이러스로 벌어진 지금 이 사태를 막기 위해 봉사를 하는 사람들의 이야기를 뉴스에서 보게 되었습니다. 땀을 흘리며 의료봉사를 하고, 방역 작업을 하며, 코로나에 취약한 계층을 찾아가 봉사하는 모습을 보며 저는 멍해졌습니다. 제가 언제 사태가 종결되고 대체 개학은 언제 하냐며 투덜거릴 때, 그들은 몸소 행동했다는 사실을 깨달았으니까요.

봉사자들이 말하는 '함께', '다 같이'라는 단어들을 들을 때마다 우리가 공동체라는 사실이 와닿습니다. 그분들이 봉사하는 이유는 돈 때문도, 주목받기 위함도 아니라, 지금 이 사태가 '우리'가 직면한 문제이기 때문이었습니다.

# 용기는 전염된다

· 전태화(16세) ·

기차가 낭떠러지를 향해서 달려가고 있습니다. 기차 안에는 다양한 사람들이 타고 있지요. 사람들은 이미 기차가 낭떠러지를 향해 떨어지고 있다는 사실을 알고 있습니다. 이대로 기차를 내버려두면 우리가 어떻게 될지 잘 알고 있지요. 기차 안의 사람들은 이 문제를 해결해보려고 합니다. 어떤 사람은 아무 일도 없다는 듯 평화롭게 있고, 어떤 사람은 이 문제를 해결하자며 소리치고, 어떤 사람은 우린 이제 죽었다며 모든 것을 포기했습니다. 사람들은 편을 갈라 기차를 멈추게 할 방법을 찾기 위해 싸우고 있습니다.

참 이상합니다. 이 상황에서 싸우기나 하는 모습들이 말입니다. 답은 하나입니다. 기차에서 뛰어내리는 것입니다. 그러니 지금 우리가 처한 전 세계적인 위기의 상황에 가장 필요한 것은 기차가 낭떠러지에 가고 있는지 판단하고, 기차에서 뛰어내리기 위해 어떻게 해야 하는지 가르치는 교육의 중요성을 들여다보는 것입니다.

교육은 무엇을 가능하게 할까요? 첫 번째, 지금 이 시대에서는 내가 있는 이 상황을 인지하고 이 상황에 대해 사유하도록 해줄 것입니다. 편협한 사고를 가져서는 안 되기에, 어느 한쪽의 입장을 선호한다고 해서 다른 쪽의 입장을 무시하지 않는 태도를 길러줍니다. 진실을 보는 시야를 기르면 진짜 뉴스를 찾으면서 가짜 뉴스를 거르는 법 역시 터득하게 되겠지요. 두 번째는 연대를 가능하게 합니다. 문제 상황이 생겼을 때 나만 살겠다고 하는 것이 아니라 사람들에게 알리고 함께 머리를 맞대고 방법을 모색하는 법을 가르쳐줍니다. 마지막으로 교육은 잘못된 방향으로 향하는 기차에서 뛰어내리는 결단을 해주게 합니다. 혹은 방향을 돌릴 수 있다면 기차의 방향을 바꾸는 법을 알려주지요.

이 세 가지에는 지켜야 하는 법칙이 있습니다. 첫 번째는 인간성이라는 법칙이고, 두 번째는 사랑이라는 법칙이며, 세 번째는 용기이고, 네 번째는 분별력입니다. 인간성을 통해서는 내가 하고 있는 일이 옳은지 판단해야 합니다. 인간이라면 이렇게 행동해도 되는지 생각해보아야 합니다. 사랑으로 피해자들을 감싸주고 이 세계의 모든 사람이 더 좋은 삶을 살 수 있도록 노력해야 합니다. 결단력 있는 행동을 실행하기 위해서는 용기가 필요하고, 내가 하고자 하는 행동으로 피해자를 만들지는 않는지 판단하는 것이 바로 분별력입니다. 그래서 결국 교육은 우리를 살아남게 할 것입니다. 그러니 지금 우리 사회에 가장 절실히 필요한 것은 오직 대학 입시와 개인의 성취만을 중요하게 여기며 폭주하는 기차에서 뛰어내려 삶을 위한 교육으로 방향을 트는 일입니다.


· 임찬우(16세) ·

전염병은 낯선 존재가 아닙니다. 아직 발견되지 않은 바이러스는 너무나 많고, 매년 새로운 질병이 발생합니다. 이들 중 어느 것이 범유행 전염병이 될지는 아무도 모릅니다. 흑사병, 천연두, 스페인독감, 사스, 메르스처럼 전염병은 인류를 끊임없이 위협해왔습니다. 그런데 이 전염병이 발생하는 순간 공포와 혐오라는 전염병도 함께 그 위력을 떨칩니다. 이번 코로나 사태에 동양인에 대한 인종차별과 실시간으로 올라오는 마스크 판매 사기 사건 뉴스는 인간에게 바이러스뿐만이 아닌 공포와 혐오 또한 전염되고 있다는 증거입니다.

하지만 공포와 혐오가 전염병과 다른 점이 있습니다. 그건 우리가 이미 공포와 혐오에 대한 항체를 가지고 있다는 것입니다. 우리에게 남아 있는 인간성은 방호복을 뒤집어쓰고 생명을 살리는 데 열중인 사람들에게서, 그 사람들에게 희망의 격려 한마디 전하는 우리의 손끝에서 나옵니다.

앞으로 어떤 전염병이 인류에게 찾아올지 모릅니다. 얼마 지나지 않아 또 비극을 겪게 될지도 모릅니다. 그때 살 사람은 살고 죽는 사람은 어쩔 수 없다는 식의 대처가 이루어져선 안 됩니다. 위기를 겪는 것도 우리, 위기를 이겨내는 것도 우리입니다.

코로나19 사태를 겪으며 우리는 인류애가 가득한 세상을 상상하고 나아갈 기회가 생겼습니다. 우리 교육이 그런 세상을 향한 기대를 안겨주길 원합니다. 공포와 혐오가 아니라 용기와 희망을 선사하는 교육을 간절히 기대합니다.

## 1. 『자기 앞의 생』

"하밀 할아버지, 왜 대답을 안 해주세요?"

"넌 아직 어려. 어릴 때는 차라리 모르고 지내는 게 더 나은 일들이 많이 있는 법이란다."

"하밀 할아버지, 사람이 사랑 없이 살 수 있어요?"

"그렇단다."

할아버지는 부끄러운 듯 고개를 숙였다.

갑자기 울음이 터져나왔다.

– 에밀 아자르, 『자기 앞의 생』, 13쪽, 문학동네

프랑스 소설가 에밀 아자르의 『자기 앞의 생』은 파리의 뒷골목에서 부모님 대신 로자 아줌마 품에서 자라는 어린 모모의 성장을 다룬 소설입니다. 그러나 여느 성장소설처럼 불량한 행동, 의도치 않은 상처, 훌륭한 조력자의 등장 등 식상한 갈등이나 교훈을 보여주지는 않습니다. 모모의 고민은 그보다 더 본질적이고 궁극적인 삶의 고통과 의미에 대한 것이었기 때문입니다. 그래서 모모와 같은 처지에 있지 않더라도, 때때로

모모의 입장이나 행동에 동의할 수 없을지라도 우리 모두 책을 읽으며 내면의 어떤 지점이 모모와 함께 성장했다는 것을 느낄 수 있습니다.

1 · 주인공 모모의 주변에 있는 사람들은 모두 불행의 요소를 하나씩 가진 소외된 이들입니다. 난민, 흑인, 유대인, 트랜스젠더 등 사회의 주류는 아니지만, 다양한 인종과 문화를 가졌지요. 모모는 이러한 소외된 이웃들을 통해 세상을 배우는 아이입니다. 소설 속 등장인 물이 상징하는 다양한 문제 중 한 가지를 골라서 자신의 생각을 적 어보세요.

2 · 모모는 우리가 단순히 생물학적 존재가 아니라 영혼의 빈곤을 끝 없이 채워가길 희망하는 존재라는 사실을 보여줍니다. 모모의 삶 에 깊이 자리 잡은 사랑이 그것을 증명합니다. 어린 모모가 "사람 은 사랑 없이도 살 수 있나요?" 하고 물을 때, 여러분은 어떤 대답 을 해주고 싶나요? 소설 속의 인물과 여러 상황을 보면서 사람이 사랑 없이 살 수 있을지, 사랑이란 무엇을 의미하는지, 또 우리의 삶에 사랑은 어떤 역할을 하는지 글을 써보세요.

## 2. 『어려운 시절』

"아버지, 저는 단 한 번도 충족시킨 적이 없는 굶주림과 갈증하고 매 순간 싸우며, 줄자와 숫자와 사물에 대한 정의가 그렇게 중요하지 않은 영역에 대한 끊임없는 갈망하고 매 순간 싸우며 지금까지 살아왔어요."

"네가 그렇게 힘든 줄 조금도 몰랐구나, 아가."

"아버지, 저는 제가 힘든 걸 언제나 알았어요. 끝없이 싸우는 가운데 저는 제 몸속에서 천사를 거부하고 파괴하며 악마로 만들었어요. 제가 배운 내용은 제가 모르는 내용을 끊임없이 의심하고 불신하고 깔보고 경멸하도록 만들었어요. 제가 배운 황량한 지식은 인생이란 어차피 끝난다고, 굳이 힘들여서 노력할 정도로 중요한 건 하나도 없다고 생각하도록 만들었어요."

― 찰스 디킨스, 『어려운 시절』, 283~284쪽, 비꽃

19세기 영국 사회의 모습을 담은 이 소설 속에는 근대식 지식 교육을 중요하게 여기는 '그래드그라인드'와 자유로운 영혼의 소유자인 '씨씨 주프'의 대립이 나옵니다. 그런데 그 모습이 21세기의 한국과 참 많이 닮아 있습니다. 그렇다고 한국의 학교에서 상상력, 감수성 같은 것들을 나쁘다고 가르치는 것은 아닙니다. 다만 그것들은 소중한 인간적인 가치로서 충분히 존중받지 못하고 시험을 잘 보기 위한 수단으로 우리에게 가르쳐지거나 시험에 필요 없을 때에는 무시됩니다. 한국의 학생들에게 그들의 삶에서 필요한 것과 필요하지 않은 것, 해야 할 것과 하면 안 되는 것을 구분하는 기준은 그것이 성적의 향상에 도움을 주는지 여부입니다. 모든 학생을 시험으로 1등부터 꼴등까지 줄 세우고 그것에

따라 등급을 매기는 지금의 상황에서 학생들은 자연스레 서로를 이겨야 하는 경쟁상대로 여기게 됩니다.

인간적인 감수성이나 영혼의 벅참을 억누르고, 객관적인 지식이나 수치 자료와 같은 문제만을 강요한다는 점에서 백 년도 더 전의 영국이나 지금의 한국이나 다르지 않은 것 같습니다. 여전히 어려운 시절을 살면서, 우리는 어떻게 아름다운 감수성을 잃지 않고, 영혼이 메마르지 않고, 타인을 배려할 수 있는 따뜻한 가슴을 가진 사람으로, 다른 존재와 공감할 수 있는 소통의 능력을 지닌 사람으로 살아갈 수 있을까요?

1 · 그래드그라인드의 교육을 받으면서도 소중한 것들을 잃지 않고 아름다운 여성으로 자라났던 씨씨 주프처럼, 우리는 자기 안의 소중한 가치들을 스스로 지켜야 합니다. 교육은 무엇을 지키는 힘을 주어야 할까요? 우리가 지켜내야 할 소중한 삶의 가치는 무엇인가요?

2 · 여러분이 생각하는 교육의 목표는 무엇인가요? 그 목표에 따라 우리는 어떤 공부를 해나가야 할까요? 단순히 입시경쟁에 대한 비판 대신, 우리의 섬세한 예술적 감성을 길러줌과 동시에 비판적 지성, 도덕적 품성도 기를 수 있는 교육이 무엇일지 생각해봅시다.

## 3. 『산책을 듣는 시간』

"너는 어떻게 말해? 고맙다는 말?"

처음이었다. 나의 언어로 고맙다는 말을 어떻게 하는지 묻는 사람은. 그냥 고맙다고 말하면 되는데 나는 나도 모르게 엄마와 나만의 약속인 수화로 가득 찬 마음이라고 말했다. 어렸을 때 이후로는 쓴 적이 없는 수화였는데 갑자기 튀어나왔다. 손으로 상대방을 가리킨 다음 심장 근처로 가져가 원을 그리며 쓰다듬는 일련의 동작을 그 애는 천천히 정확하게 따라 했다. 그것은 이제 지구상에서 단 세 명만 알고 있는 단어가 되었다.

— 정은, 『산책을 듣는 시간』, 52쪽, 사계절

들을 수 없다면, 볼 수 없다면, 여러분은 어떻게 생각하고 다른 사람과 소통할 수 있을까요? 들을 수 있고, 말할 수 있고, 볼 수 있는 우리는 무엇을 듣고 말하고 보고 있을까요? 『산책을 듣는 시간』은 우리가 평소에 잘 열고 있지 않은 감각들을 활짝 열어야 볼 수 있는 세상의 모습을 말하고 듣는 소년, 소녀의 이야기입니다.

1 · 인용구에서도 볼 수 있듯, 한민은 수시에게 고맙다는 말을 수지의 언어로 어떻게 하는지 물어봅니다. 여러분은 고맙다는 말을 어떻게 하시나요? 웃음을 지어 보일 수도 있고, 그 사람이 가장 잘 먹는 음식을 준비할 수도 있을 것입니다. 여러분의 고맙다는 말은 무엇인가요? 나는 그 말을 많이 하는 사람인가요? 그 말을 들은 상대가 정말 기뻐하던 순간을 기억하나요? 고마운 순간과 그때

여러분의 기억을 공유해주세요.

2 · SNS 시대에 말들은 넘쳐나지만, 정작 정말 얼굴을 맞대고 해야
할 이야기는 잘 하지 않는 것 같습니다. 이처럼 소통은 하나의 능
력이고, 그래서 배우고 익혀야 합니다. 소통의 가장 중요한 요소
는 무엇일까요? 서로의 마음을 나누기 위해 필요한 것은 어떤 태
도일까요?

## 4. 『희망을 부르는 소녀 바리』

　　우리는 모두 상처 많은 시대를 살고 있습니다. 극단적인 대립과 이분법이 넘쳐나고 보복과 폭력이 난무하는 때입니다. 갈등과 분쟁이 끊이지 않는 세계의 폭력에 일상적으로 직면해 있는 우리가 평화를 구할 수 있는 방법을 바리로부터 타전받을 수도 있을 것입니다. (…) 복수와 증오로는 참된 자신을 찾을 수 없습니다. 자신만의 행복의 감각을 통해 스스로 자유로워져야 하지요. 참된 자아를 찾아서 모험하는 바리, 사랑을 통해 강해지는 바리, 자신을 부정한 존재를 원한과 증오가 아닌 포용과 용서로 끌어안음으로써 세계의 상처를 향해 손 내미는 바리공주는 지금과 같은 시기에 우리에게 꼭 필요한 힘이 무엇인지를 생각하게 합니다.

– 김선우, 『희망을 부르는 소녀 바리』, 208쪽, 단비

　　아버지의 병을 고치기 위해 생명수를 구하려고 힘든 여정을 떠나는 '바리데기 이야기'를 한 번쯤 들어보셨을 것입니다. 그러나 『희망을 부르는 소녀 바리』에서 바리는 우리가 그동안 들었던 이야기 속 모습과는 조금 다릅니다. 바리데기 신화에서 바리는 부모님에 대한 지극한 효성으로 생명수를 구하기 위해 떠났다고 하지만, 김선우 선생님의 소설 속에서 바리는 자신을 버린 부모님이 아니라 고통받는 백성들을 위해 길을 떠납니다.

　　바리는 비록 버려진 신세였지만, 공덕할멈과 할아범의 손에 구해져 아주 행복하게 자랐습니다. 특히 산속에서 모든 생명과 소통하는 특별한 능력을 갖추기도 했지요. 그런데 자신이 지냈던 숲속과는 다르게 왕

궁으로 들어가는 길에 만난 백성들은 가난, 전쟁, 질병에 고통받아 너무나 힘들게 살아가고 있었습니다. 그래서 바리는 버려진 존재로 순종하지 않고, 스스로의 운명과 싸우고 이 세계를 구원하겠다는 의지를 선언합니다.

타인의 고통에 공감하는 능력과 자기 스스로 운명을 개척해 나가려는 자유로운 의지, 물질보다 사랑과 생명의 가치를 선택할 수 있는 용기가 바로 '희망'입니다. 이 땅을 살아가는 새로운 세대인 청소년인 우리도 함께 이 희망을 찾아 나서봅시다.

1 · 책을 읽으며 바리가 왜 희망을 부르는 소녀인지를 잘 나타내는 문장을 찾아보세요. 그리고 우리도 함께 힘껏 불러야 할 우리 시대의 희망이 무엇일지 생각해봅시다.

2 · 바리는 산 밖으로 나와 굶주림에 허덕이고, 질병에 고통받고, 가난에 절망하는 사람들의 얼굴을 보았습니다. 바리는 오구대왕을 살려낸 대가로 평생 호의호식할 수 있었지만, 죽은 자들의 곁으로 가 그들의 아픔과 고통을 위로하고 씻겨주는 일을 평생 하겠다고 말했지요. 오늘날 바리가 있다면, 누구의 고통에 가장 가슴 아파할까요? 누구의 곁으로 가 어떻게 그들의 고통을 위로하고 보듬어줄까요?

"엄마는 차푸를 그저 예뻐하기만 하지? 물론 그게 뭐가 나쁘냐고 물으면 딱히 할 말은 없지만, 고양이도 자기 삶이 있을 거 아냐? 적어도 엄마한테 귀 엽받는 것만이 차푸의 삶은 아니라는 건 분명하다고 봐. 지난번에 차푸가 애인을 찾으러 집을 나갔잖아. 나, 그때 굉장히 상처받았지만, 딱 하나 스스 로 다짐한 게 있어. '어떤 생명이든 저마다의 삶이 있다는 것을 잊지 말자.' 엄마는 내가 차푸한테 쌀쌀맞게 군다고 자꾸 뭐라고 하지만, 사실은 그게 아냐. 자신의 소유물처럼 귀여워하지는 말자고 생각한 것뿐이야. 차푸가 나 한테 알랑거리면 그러지 말라고 하는 것뿐이라고. 안 그러면 우리 사이는 평 등하지 않으니까."

– 하이타니 겐지로, 『소녀의 마음』, 65쪽, 양철북

청소년 시기에는 친구 관계가 이전보다 훨씬 복잡하고 또 중요해집 니다. 그러면서 부모님과 마음을 열고 의사소통을 하는 것이 어려워지 는 경우도 많습니다. 유난히 고민이 많아지지요. 나만의 고민을 터놓고 이야기할 상대를 만나기란 쉬운 일이 아닙니다. 대개는 혼자 가슴 아파 하거나, 시간이 지나면 잊힐거라고 생각하거나, 아니면 노래방을 가서 소리 지르며 기분이 나아지길 기다리기도 합니다.

『소녀의 마음』의 주인공 가스리와 『원예반 소년들』의 오와다, 쇼지, 다쓰야 세 소년은 이런 우리와는 조금 다른 방식으로 고민을 해결해 나 갑니다. 자신이 놓인 처지와 가족의 이별을 이해하려고 노력하는 어른 스러운 소녀 가스리는 솔직하게 얘기할 줄 아는 용기 있는 소녀입니다.

가족뿐 아니라 완전히 낯선 타인의 문제를 대할 때도 소녀의 특별한 감성과 당당함이 빛을 발하지요. 학교의 버려진 화원을 가꾸며 상처를 치료해가는 오와다, 쇼지, 다쓰야의 이야기도 인상적입니다. 이들은 생명을 손으로 키우고, 일상에 소소한 변화들을 만들고, 진정한 우정에 대해 깨닫게 되지요.

1 · 여러분도 『소녀의 마음』이나 『원예반 소년들』의 주인공과 비슷한 마음을 느낀 적이 있나요? 내가 느꼈던 것과 비슷한 감정이 표현된 구절을 찾아보세요. 또, 최근 여러분이 갖고 있는 고민에 대해 솔직하게 적어보세요.

2 · 책 속 주인공에게 편지를 써봅시다. 나라면 주인공이 처한 상황에서 어떻게 했을까 생각해보세요. 어떤 장면에서는 주인공을 칭찬하고 싶을 수도 있고, 어떤 장면에서는 주인공이 이런 행동을 하지 않았다면 좋았을 걸 하는 아쉬움도 있을 거예요. 나의 경험에 비추어서 주인공을 위로하거나 고민을 해결하기 위한 좋은 방법을 제안해보세요.

## 6. 『우리가 사랑한 소녀들』, 『15소년 표류기』

앤이 보여주는 삶에 대한 생생한 감각과 세상에 대한 경이로움이 부럽다. 앤처럼 세상에 대한 신뢰를 잃지 않고, 실망해도 삶의 다양한 가능성을 찾아보는 탄력성 있는 의지를 갖고 싶다. (중략)

행복을 느끼는 데도 연습이 필요하다. 수십 년 걸었던 동네를 걸으며 새삼 경이를 발견하고, 매일 얼굴을 맞대고 살아가는 주변 사람들의 좋은 점을 찾아보고, 뭘 해도 별로 놀라울 게 없다고 아는 척하지 않고 마음을 투명하게 열어 세상과 사람과 일을 앤처럼 마주 보는 것, 그리고 그 순간을 아주 깊숙하고 특별하게 느껴보는 연습. 그렇게 매일매일 조금씩 달라지다 보면 어느 날 "음, 완벽하게 행복해"라고 말할 날이 올 것이다. 어쩌면 매일 완벽한 행복 하나쯤 만날 수 있을지도 모른다.

– 최현미, 노신희, 『우리가 사랑한 소녀들』, 69~71쪽, 혜화1117

소설 속의 인물들은 시대와 공간을 초월해 인간의 가장 보편적인 이야기를 하는 존재들입니다. 그래서 그들의 이야기에 귀 기울이고 대화하다 보면 그들을 사랑하게 되고, 그 사랑은 결국 우리 안의 가장 고귀하고 선한 힘을 이끌어내는 원동력이 된다고 믿습니다. 책에서는 우리가 사랑할 수밖에 없는 소년, 소녀들을 만날 수 있습니다. 멋진 이들에게 흠뻑 반해보는 행복한 일상을 함께 만들어봅시다.

1 · 여러분이 가장 닮았다고 생각하거나 가장 닮고 싶은 소설 속 인물은 누구인가요? 상상력이 풍부하고 매사에 경탄할 줄 아는 빨강

머리 앤, 주변 사람들의 장점을 잘 발견하고 이끌어주는 도로시, 현명하고 똑똑하면서 친구를 위하는 마음도 따뜻한 헤르미온느. 소설 속 인물의 성격과 특징이 무엇인지 자세히 들여다보세요. 왜 그 인물에게 가장 마음이 갔는지 설명해보면서 내가 만들고 싶은 나의 정체성을 찾아봅시다.

2 · 내가 가장 좋아하는 소설 속 인물이 지금 한국 교육 현실을 맞닥뜨리면 어떤 반응과 선택을 할까요? 이 지독한 입시경쟁 교육과 오직 공부만 잘하면 된다는 교육 현실을 보면 어떤 말을 할까요? 여러분이 이해하고 찾아낸 소설 속 인물의 성격을 기반해서 한 편의 연극을 만들어봅시다. 소설 속에 나오는 주변 인물도 활용하면 좋습니다. 소설의 한 장면을 각색해도 좋고, 인물의 성격만 가져와 아예 새로운 연극을 만들어도 좋습니다.

여러분이 쓰고자 하는 것을 상상해보는 일입니다. 그것을 바라보고 그것과 살아보십시오. 암산하는 것처럼 너무 고심해서 떠올리지 마세요. 그냥 바라보고, 만지고, 냄새 맡거나 귀 기울이며, 여러분이 직접 되어보세요. 여러분이 이렇게만 하면, 단어들은 마치 마법처럼 스스로를 돌볼 것입니다. 만약 이 일을 해내기만 하면, 여러분은 쉼표나 마침표 같은 것들 때문에 더는 고심하지 않아도 된답니다. 단어들을 들여다볼 필요도 없어요. 여러분의 눈, 여러분의 귀, 여러분의 코, 여러분의 미각, 여러분의 촉각, 여러분의 모든 것이 몰입하고 있는 대상을 향하도록 하세요.

– 테드 휴즈, 『오늘부터, 시작』, 24쪽, 비아북

테드 휴즈가 평생을 시인으로 살아오면서 터득한 삶에 대한 깊은 통찰과 그가 느낀 글쓰기의 본질에 대해 이야기하는 책입니다. 우리는 누구나 자신의 생각과 감정을 나타내는 글을 쓰고 이를 이해할 수 있는 시인입니다. 진정한 시인이 되기 위해서는 시를 써야 하는데요. 책을 읽으며, 나만의 시를 찾고 또 쓰는 경험을 해나가길 바랍니다.

1 · 책에는 "여러분의 삼촌을 생각해보세요"라는 문장과 함께 삼촌을 상상하며 삼촌의 얼굴, 머리카락, 심지어 두피까지! 가만히 들여다보고 관찰하며 묘사합니다. 우리도 한 번 상상해볼까요? 여러분도 여러분에게 가장 가까운 사람의 얼굴을 떠올려보세요. 그 사람의 눈, 눈썹, 머리카락, 턱과 귀의 모양 등을 떠올리며 그 사람

의 얼굴을 아주 자세히 묘사하고 또 표현해보세요. 윤동주 시인의
「아우의 인상화」도 참고하세요.

**아우의 인상화**
윤동주


붉은 이마에 싸늘한 달이 서리어
아우의 얼굴은 슬픈 그림이다.


발걸음을 멈추어
살그머니 앳된 손을 잡으며
"너는 자라서 무엇이 되려니"


"사람이 되지"
아우의 설운 진정코 설운
대답(對答)이다.


슬며―시 잡았던 손을 놓고
아우의 얼굴을 다시 들여다본다.


싸늘한 달이 붉은 이마에 젖어,
아우의 얼굴은 슬픈 그림이다.

2 · '나'에 대한 시를 써봅시다. 내가 가장 많은 관심을 쏟는 것은 나 자신이지만, 동시에 가장 잘 모르는 것도 '나'가 아닐까요? 지금의 나를 아주 자세히 들여다보고 관찰하여 나를 표현하는 시를 한 편 써보세요.

## 8. 『소설처럼』

인간은 살아 있기 때문에 집을 짓는다. 그러나 죽을 것을 알고 있기에 글을 쓴다. 인간은 무리 짓는 습성이 있기에 모여서 산다. 그러나 혼자라는 것을 알기 때문에 책을 읽는다. 독서는 인간에게 동반자가 되어준다. 하지만 그 자리는 다른 어떤 것을 대신하는 자리도, 그 무엇으로 대신할 수 있는 자리도 아니다. 독서는 인간의 운명에 대하여 어떠한 명쾌한 설명도 제시하지 않는다. 다만 삶과 인간 사이에 촘촘한 그물망 하나를 은밀히 공모하여 얽어놓을 뿐이다. 그 작고 은밀한 얼개는 삶의 비극적인 부조리를 드러내면서도 살아간다는 것의 역설적인 행복을 말해준다. 그러므로 우리가 책을 읽는 이유도 우리가 살아가는 이유만큼이나 불가사의하다. 그러니 아무도 우리에게 책과의 내밀한 관계에 대해 보고서를 요구할 권리는 없다.

– 다니엘 페나크, 『소설처럼』, 225쪽, 문학과지성사


다니엘 페나크는 문학 선생님으로 중·고등학생을 가르쳤습니다. 강압적인 독서 교육의 실태를 비판하며, 아이들이 자기 스스로 책을 즐기며 읽을 수 있도록 가르치는 것이 진짜 독서 교육이라고 말합니다. '사랑하다'나 '꿈꾸다'라는 동사는 명령어로 말할 수 없는 것처럼, '읽다'도 마찬가지로 절대 명령할 수 없는 말이라고 말이지요. 우리 시대의 청소년들에게 책읽기가 힘들고 어려운 이유가 바로 '명령어'로 읽기를 접했기 때문은 아닐까요? 독서의 즐거움과 그 의미를 책을 읽으며 찾아봅시다. 우리가 함께할 행복한 책읽기를 기대하면서요!

1 · 책을 읽으면서 여러분이 책을 읽기 어려운 이유 혹은 책 읽기를 좋아하는 이유를 찾았을 것입니다. 여러분이 앞으로 책을 더 잘 읽어가기 위해서 필요한 기술, 습관, 태도를 책을 읽으면서 정리해보세요.

2 · 책에는 총 10가지의 읽을 권리가 소개되어 있습니다. 여러분이 살면서 읽었던 책을 이 10가지 권리에 맞추어 정리·분류하고 소개해보세요. 예컨대 책이 조금 어려워 2번 권리인 '건너뛰며 읽을 권리'를 적용해서 읽으면 좋을 책이라거나, 표현이 참 아름답고 따뜻해서 9번 권리인 '소리 내서 읽을 권리'를 적용해서 읽을 책 등으로 나누어 보는 겁니다. 10가지 권리에 맞춰 읽는다면 세상에 못 읽어낼 책은 없을 것 같은 용기가 생기지 않나요? 여러분의 멋진 책읽기 인생을 위해 10가지 권리를 몸에 잘 익혀봅시다.

# 9. 『상상 라디오』

"3·11 동일본 대지진이 일어난 직후 뉴스를 통해 매일같이 쓰나미가 마을을 덮치는 장면을 반복해서 보니까 너무 고통스러운 나머지 그것에 대해 생각하고 싶지 않다고 시선을 피하는 일도 많았습니다. 시각적으로 텔레비전에서 무언가를 접하는 것의 한계가 어느 정도인지 잘 알게 되었지요. 그래서 마음으로 느끼는 어떤 수단이 필요한 것이 아닌가 하는 생각이 들었습니다. 저는 소설이라는 매개를 통해서 그 아픔을 같이 느끼고자 글을 쓰게 되었습니다.

죽은 자의 고통은 상상할 수 없고, 상상할수록 고통스럽기에 그것을 포기하게 됩니다. 그러나 역사와 문화는 죽은 자 위에서 이뤄지는 것이기 때문에 이들의 고통과 아픔을 잊고 그 위에서 산 사람만의 즐거움을 추구하는 세상은 존재할 수도 없고, 그런 세상이 있어서도 안 된다고 생각합니다. 죽은 자들의 기억이란 우리 할머니, 할아버지 그리고 내 친구, 가족이 될 수도 있는데요. 그들을 잊고서 현재를 살아가는 일만 추구하는 것에 대해서 저는 현실적으로 모순을 느낍니다."

– 이토 세이코, '2015 인디고 동아시아 문학 포럼' 중에서


2011년 3월 11일, 동일본 대지진이 일어났습니다. 지금까지도 후쿠시마에는 여전히 재난의 흔적은 곳곳에 남아 있고, 여전히 고통의 기억에서 벗어나지 못한 사람들이 많습니다. 하지만 일본 정부는 다시 핵발전소를 가동할 계획을 추진했고, 이에 반발한 지성인, 예술가, 시민활동가가 거리로 나와 반대 시위를 펼쳤습니다.

『상상 라디오』를 쓴 이토 세이코는 우리가 사는 이 세계는 죽은 사람들 위에 세워진 것이라고 말합니다. 모든 시대가 그랬고, 그래서 죽은 이들의 목소리를 듣지 않는다면 제대로 사는 것이 아니라고 말하지요. 조금 무섭고 끔찍하게 느껴지기도 하지만, 우리가 어떤 죽음 위에 서 있는지 생각해봅시다. 그들의 죽음을 헛되지 않게 하려면 우리는 어떻게 살아야 할지도 함께 생각하게 될 것입니다.

1 · 이 세계가 죽은 사람들 위에 세워진 것이라는 이 말의 뜻은 무엇일까요? 소설을 읽고 여러분이 이해한 만큼 그 뜻을 써보세요. 우리가 어떤 죽음 위에 살고 있는지도 함께 생각해봅시다.

2 · 『상상 라디오』 저자 이토 세이코 선생님은 죽은 사람들을 대신해 그들의 마음을 진심으로 전달하고자 소설을 쓰셨다고 했습니다. 우리 역시도 이 땅에서 이미 사라진 존재들을 대신해 그들의 이야기를 전할 필요가 있는데요. 여러분이 전하고 싶은 '상상 라디오'의 사연은 무엇인가요? 사연과 코멘트, 음악까지 모두 다 갖춘 여러분만의 상상 라디오 대본을 완성해보세요.

## 10. 『말할 수 없는 것들이 있습니다』

"날 용서해다오. 세상에는 말할 수 없는 일들도 있단다. 하지만 손토, 이제 내가 곧 떠나야 하니 그 이야기를 하려고 한다. 그러지 않으면 나와 함께 진실도 떠날 테니까. 그러면 그 일은 세상에 존재하지도 않았던 일이 되어 버리겠지. 그러니 누군가 알아야 한단다. 손토, 이제 네가 아는 거야."

　　　　　　　– 키어스텐 보이에, 『말할 수 없는 것들이 있습니다』, 32쪽, 내인생의책

『말할 수 없는 것들이 있습니다』는 아프리카 대륙의 상처받고 고통받는 아이들의 이야기를 작가가 대신 전하는 소설입니다. 고도로 발달한 현대 사회에서 여전히 이러한 인생의 이야기들이 있다는 것을 담담하게 전해 더 비극적으로 느껴지는 소설이지요.

이 짧은 이야기를 덮는 순간, 가슴 속 깊은 곳에서 가난하고 힘없는 사람들을 위해 무엇이라도 해야겠다는 단호한 결심이 일어날 것입니다.

1 · 어떤 윤리적 기준이 있어야만 우리가 직면한 이 세계의 문제들을 해결할 수 있을까요? 혹은 그 윤리적 기준으로 보았을 때, 여전히 말해지지 않은 이야기들은 무엇이 있을까요?

2 · 이 소설의 제목은 중의적으로 들리기도 합니다. 말할 수 없는 이 세계의 진실이 비참하고 비극적인 것이기도 하지만, 동시에 말로 다 표현할 수 없는 존엄한 인간 삶의 진리 또한 있습니다. 인간의

　　　　　　　·· 1장. 공부는 좋은 사람이 되는 길이다

미래에 희망을 걸 수 있는 이유는 무엇입니까? 아직 말해지지 않았지만, 반드시 우리가 말해야 하는 인간의 가능성은 무엇입니까?

## 11. 『월터가 나에게 가르쳐 준 것』

내가 이 일을 하는 이유는 나 역시 망가진 사람이기 때문이다. 나는 오랜 세월을 불평등과 권력 남용, 빈곤, 억압, 불법 등에 맞서 싸운 끝에 마침내 나 자신에 대한 어떤 것을 발견했다. 고통이나 죽음, 처형, 잔혹한 처벌 등과 가까이 있다고 해서 단지 다른 사람의 망가진 모습에 대해서만 알게 되는 것이 아니었다. 괴롭고 비통한 순간에 직면하면 나 자신의 망가진 모습도 드러났다. 권력 남용이나 빈곤, 불평등, 질병, 억압, 불법 등과 싸우면서 망가지지 않는다는 것은 사실상 불가능한 일이다.

우리 모두는 무언가에 의해 망가진 사람들이다. 누군가에게 해를 끼치고 또 해를 입는다. 비록 망가진 정도는 제각각이더라도 망가진 상태라는 공통점이 존재한다. 그럼에도 망가진 상태라는 공통점이 우리를 하나로 묶어 주었다.

– 브라이언 스티븐슨, 『월터가 나에게 가르쳐 준 것』, 434쪽, 열린책들

흑인, 빈곤층, 청소년, 여성 등 사회적 약자에게 한없이 가혹한 미국의 형사 사법 제도를 바꾸는 활동을 하는 브라이언 스티븐슨은 "한 사회의 도덕성을 판단하는 진정한 척도는 그 사회가 빈곤층과 소외층, 피의자와 재소자, 사형수를 대하는 방식에 있다"라고 말합니다. 부유한 소수의 정의가 아니라, 눈앞의 고통받는 자들의 부정의를 없애고자 노력하는 브라이언이 전하는 이야기를 통해 무엇이 인간으로서 마땅히 해야 할 일인지 다시 생각하게 됩니다.

1 · 저자는 제목처럼 월터가 자신에게 가르쳐준 것을 모두 책에 담고
자 했습니다. 가난이 죄가 되는 부당한 현실과 분노와 증오의 감
정이 우리를 얼마나 눈멀게 하는지, 사형제도의 존폐를 이야기하
는 것이 얼마나 형식적인지 등이 그것들입니다. 책에는 월터뿐만
아니라 브라이언 스티븐슨이 만난 많은 재소자와 그 가족들의 이
야기가 나옵니다. 여러분에게 가장 인상적인 사례는 무엇인가요?
그 사례 속 인물의 삶은 어떠한가요? 그들의 삶이 여러분에게 가
르쳐주는 것은 무엇인가요?

2 · 브라이언 스티븐슨은 인간의 존엄함을 믿는다고 말합니다. 그래
서 그 존엄함을 지키기 위해 모든 활동을 기획하고 진행하지요.
여러분은 인간의 존엄함을 믿나요? 인간은 왜 존엄한가요? 존엄
함이 지켜질 때 우리 삶의 모습은, 이 세계의 모습은 어떻게 변할
수 있을까요?

# 12. 『A가 X에게』

"지금 현재 우리가 그들에게 보여줄 수 있는 건, 승리는 환상에 불과하다는 것, 투쟁에는 끝이 없으며, 그러한 사실을 알고도 투쟁을 계속해 나가는 것만이, 삶이 우리에게 준 커다란 선물을 알아보는 유일한 방법이라는 거겠죠!

그들이 당신을 잡아가기 전에는 미래에 대해서 거의 생각하지 않았어요. 부모님 세대는 우리가 미래를 위해 싸운다 하셨겠죠. 우린 아니에요. 우리는 우리 자신으로 남기 위해 싸우는 거예요."

– 존 버거, 『A가 X에게』, 95쪽, 열화당

이 소설은 테러 혐의로 감옥에 갇힌 X(사비에르)라는 남자에게 A(아이다)라는 여자가 보내는 편지로 구성되어 있습니다. 만날 수 없는 연인 X에게 아이다는 그녀가 일상에서 보고 듣고 느낀 것들을 편지를 보냅니다. 그런데 사비에르의 답장은 몇 줄의 메모뿐이지요. 이 두 가지가 교묘하게 뒤섞여 소설은 전개됩니다.

1 · 아이다와 사비에르 각각이 어떤 성격과 성향의 인물인지 파악해 보고, 그들이 살고 있는 현실은 어떤 모습인지 정리해보세요. 또 두 사람은 어떤 사건을 겪고 있는지, 소설을 읽으며 두 인물의 삶에 대해 각각 정리해보세요.

2 · 아이다가 "우리는 우리 자신으로 남기 위해 싸우는 거예요"라고 한

·· 1장. 공부는 좋은 사람이 되는 길이다

말은 무슨 뜻일까요? 여러분은 자기 자신으로 남기 위해 싸운다는 말로 바꾸어서 이 말의 의미를 한번 생각해보면 좋겠습니다. 그리고 아이다와 사비에르는 서로를 사랑합니다. 그런데 두 사람이 말하는 사랑의 모양과 방식은 참 많이 다릅니다. 두 사람의 서로 다른 목소리를 듣고 난 후, 여러분이 생각하는 사랑과 저항은 무엇인지 써보세요. 아이다나 사비에르의 방식으로 편지를 써봐도 좋습니다.

## 13. 『울고 화내고 멍때려라』

우리 자신의 꿈에만 몰입하다 보면 그 꿈이 세상의 전부처럼 보인다. 그래서 세상의 거대함을 어느새 잊게 된다. 세상 속에 사는 자신의 존재를 지나치게 크게 생각하는 오류를 범하다 보니 다른 존재들을 망각하게 된다.

그러니 꿈을 꾸되, 겸허해지자. 우리는 세상의 주인이 아니라 세상 속에서 세상과 더불어 사는 작은 인간임을 잊지는 말자. 우리의 꿈이 다른 이들과 세상을 파괴하는 건 어떤 경우에도 용납되지 않는다는 사실을 명심하고 또 명심하자.

－ 설흔, 『울고 화내고 멍때려라』, 156쪽, 나무를심는사람들


꿈에 대한 고민, 참 많지요? 학교에서도 '진로 특강'을 많이 진행합니다. 자유학기제나 자유학년제도는 시험에 얽매이지 않고 여러 체험을 통해 자신의 꿈을 찾아가기 위해 만들어진 제도이니, 우리의 꿈을 위해 교육부가 발 벗고 나선 것은 확실해 보입니다. 하지만 그러면 그럴수록 꿈에 대한 고민은 점점 더 깊어집니다. 꿈에 대한 질문이 너무 많다 보니 더 부담스럽기도 하고요.

꿈은 진로와 같은 말인가요? 꿈이 직업은 아니라고 하는데, 특정한 직업을 생각하지 않고 꿈을 갖는다는 것은 가능한 일인가요? 꿈을 갖지 않으면 어떻게 되나요? '꿈'이라는 한 글자 속에 담긴 여러 의문에 명쾌한 해답을 주지 않는데도, 꿈을 완전히 새롭게 생각하게 해주는 한 권의 책이 있습니다. 꿈을 찾기 위해서는 "울고 화내고 멍때려라"라고 말하는 설흔 선생님의 책을 읽으며, 꿈에 대해 속 시원하게 한번 이야기해봅

시다.

1 · 책을 읽으며 여러분이 갖고 있던 '꿈'에 대한 고민과 맞닿아 있는 부분을 찾아서 정리해보세요. 해소된 부분이 있는지, 해소되지 않았다면 어떤 부분인지 구체적으로 써봅시다. 혹은 한 번도 고민해본 적 없는 꿈에 대한 이야기를 읽고 새롭게 생각하게 된 점이 무엇인지 써봅시다.

2 · 이 책의 목차 제목들은 꿈을 꾸고 이루기 위해 필요한 법칙들입니다. 책을 다 읽고, 꿈을 살아가기 위해 내가 지켜야 할 10가지 법칙을 세워보세요. 설흔 선생님께서 제목으로 정한 것 중에서 뽑아도 되고, 책을 읽으면서 찾아내거나 생각해낸 법칙도 좋습니다.

완전한 우애는 덕에 있어 서로 닮은 선한 사람들 사이의 우애다. 그들은 상대방이 선한 사람인 경우에만 서로 좋은 것을 원하며, 그들 자신 또한 선한 사람이다. 자기 친구를 위해서 좋은 것을 바라는 사람들이야말로 가장 참된 의미의 친구라 할 수 있다. 이런 사람들은 그들의 본성 때문에 그렇게 하는 것이지 다른 목적이 있어서가 아니다. 그러므로 그들의 우애는 그들이 선한 동안 유지된다. 그리고 선은 오래 지속되는 성질을 지니고 있다.

– 아리스토텔레스, 『니코마코스 윤리학』, 137~138쪽, 풀빛

아리스토텔레스는 올바르게 행위하는 사람이 고귀하고 좋은 것들을 실제로 성취할 때, 삶 그 자체로 즐거운 것이며 행복한 것이라고 말합니다.

행복하고 의미 있는 삶을 위하여, 더불어 그것이 고귀하고 좋은 선택이라는 사회적 실천으로 이어지기 위하여, 우리가 함께 익히고 배우고 연습해야 할 덕목들이 무엇인지 진지하게 고민해봅시다.

1 · 『니코마코스 윤리학』의 5부는 '우애'의 덕목을 소개하고 있습니다. 가장 소중한 친구에게 아리스토텔레스가 말하는 우애의 개념을 소개하는 편지를 써보세요. 그 친구와 내가 소중한 우애를 지켜나가기 위해 친구와 함께 노력해야 하는 것이 무엇인지 간절한 마음을 담아서 써보면 좋겠지요?

2 · 아리스토텔레스는 행복을 어떤 상태가 아니라 본성에 따르는 활
동이라고 했습니다. 행복한 삶을 살아내기 위해서 나에게 꼭 필요
한 덕목을 찾고 익히는 공부를 함께 해나갑시다. 행복해지기 위해
나에게 가장 필요한 덕목이 무엇이고, 나는 그 덕목을 어떻게 실
천할 것인지 고민하여 자신의 생각을 정리한 글을 써봅시다.

## 15. 『내가 행복해야만 하는 이유』

우리는 행복해야 한다는 의무를 스스로에게 부과한다. 그것은 자기 자신
으로 존재한다는 것과 결국 마찬가지인데, 두 가지 이유에서 그렇다. 행복
하다는 것은 폭력과 슬픔이 우리 주위를 지배하고 있을 때 폭력과 슬픔의
유혹에 지지 않는다는 것을 의미한다. 그것은 모든 것이 잘 돌아가지 않을
때 한술 더 뜨지 않는 것을 의미한다. 행복해진다는 것은 또 분투한다는 것,
모든 것이 잘 되게 하기 위해 무언가를 한다는 것, 생의 행복한 부분을 가꾸
어 기른다는 것을 의미한다.

– 베르트랑 베르줄리, 『내가 행복해야만 하는 이유』, 235쪽, 개마고원

사람들은 모두 행복하기 위해 노력합니다. 그런데 무엇이 행복인지
잘 모르는 경우도 있고, 아무리 애를 써도 행복해지기 어려운 경우도 있
습니다. 분명 더 행복해지려고 시작한 일인데, 그 일이 나의 발목을 붙
잡고 시련과 고통의 길로 끌어당기는 일도 있습니다.

행복을 단순히 개인의 만족으로 생각한다면, 사회에서 일어나는 일
에 관심을 갖지 않고 돈 잘 벌고 잘 쓰고 잘 노는 삶도 행복한 것일 테지
요. 그런데 그것만으로 만족하기에는 우리의 양심이 허락하지 않기도
합니다. 책을 읽으며 행복이란 무엇인지 생각하며, 우리가 행복해야만
하는 이유가 무엇인지 함께 찾아가봅시다.

1 · 여러분에게 가장 행복했던 순간은 언제인가요? 그 행복의 이유는
　　무엇인가요? 나의 행복이 어떻게 바뀌어왔는지, 또 어떻게 지켜

져왔는지, 반대로 내가 잊어버리거나 놓치고 있는 행복의 순간들
이 무엇인지 생각해봅시다.

2 · 책을 읽고 발견한 '행복'의 의미를 바탕으로 우리 삶이 행복해야
하는 이유를 써봅시다. 내가 어떤 사람일 때 행복한지, 왜 우리는
행복하기가 그렇게 어려워졌는지, 내 삶이 의미 있는 것과 행복의
상관관계가 무엇인지도 함께 생각해보면 좋겠습니다.

## 16. 『내가 행복한 곳으로 가라』

저는 한국의 청소년들에게 두렵고 힘들더라도 우선 무조건 밖으로 나가야 한다고 말하고 싶습니다. 골방에 처박혀 있지 말고 용기를 내어 더 넓은 세계로 나가야 한다고요. 물론 그건 무척 어렵고 겁나는 일입니다. 저 같은 어른들도 낯선 곳에 가려면 큰 용기가 필요합니다. 죽은 듯 보이는 번데기가 화려한 나비가 되는 것처럼 자신의 존재를 송두리째 뛰어넘어야 하는 일이기도 합니다. 하지만 두렵고 힘들더라도 나가야 합니다.

시간이 흐르면 어떻게 해결되겠지, 어른들이 알아서 해주겠지…. 여러분, 더이상 무언가를 막연하게 기다리며 그냥 앉아있지 마세요. 처음에는 좀 어설퍼도 내가 행복을 느끼는 공간, 나에게 맞는 공간을 밖에 나가 직접 찾아보고, 지리적 상상력을 발휘해 내 존재가 빛날 수 있는 공간을 발견하세요. 이리저리 헤매고 부딪치고 시행착오를 거치며 찾아 나갈 수도 있고, 힘이 생기면 내가 행복한 공간을 아예 만들어 버릴 수도 있습니다.

– 김이재, 『내가 행복한 곳으로 가라』, 36~37쪽, 샘터사

『내가 행복한 곳으로 가라』의 저자 김이재 선생님은 지리 교과서에는 나와 있지 않지만, 우리 삶에 꼭 필요한 공간에 대한 이야기를 들려줍니다. 나에게 잘 맞고 행복을 주는 공간을 통해 삶을 변화시킨 세계의 명사들을 소개함으로써 좋은 공간이 사람에게 어떤 영향을 미치는지 이야기해주지요. 이들은 지리적 상상력으로 자신을 바꾸고 세계를 바꾼 사람들입니다. 책을 읽으며 멋진 세계여행을 떠나봅시다.

1 · 나를 가장 행복하게 만드는 공간은 어디인가요? 내가 치유될 수 있는 공간, 내가 성장할 수 있는 공간, 내가 나답게 살 수 있는 나만의 공간이 어디인지 생각해봅시다.

2 · 여러분이 지금 당장 바꾸고 싶은 공간은 어디인가요? 여러분이 마음에 드는 공간으로 바꿔보고 탈바꿈한 공간의 특징을 마치 사진으로 보듯이 글로 표현해주세요. 예를 들어 내 방 책상, 침대 한 켠, 신발장, 학교 사물함도 좋습니다. 나를 행복하게 만들어 줄 수 있는 공간을 직접 바꾸어봅시다. 혹은 지금 내가 당장 바꾸기는 어렵지만, 꼭 바뀌었으면 좋겠다는 공간을 상상 속에서 바꾸어도 좋습니다.

## 17. 『소크라테스-죽음, 그 평화롭고 아름다운 영혼의 여행』, 『칸트 교수의 정신없는 하루』

내가 철학하기를 그만두어야 합니까? 나와 만나는 사람들이 겉치레보다는 진리를 사랑하도록 이끄는 일을 멈추어야만 하겠습니까? 죽을지도 모른다는 두려움 때문에 나의 임무를 저버린다면, 나는 진정 경건하지 못한 사람입니다!

아테네의 시민들이여, 나는 여러분에게 끊임없이 질문할 것입니다.

그 때문에 수없이 유죄 선고를 받을지라도 말입니다!

– 장 폴 몽쟁, 『소크라테스-죽음, 그 평화롭고 아름다운 영혼의 여행』,

23쪽, 철학그리다

소크라테스와 칸트는 모두 인류 역사에서 가장 위대한 철학자로 손꼽히는 이들입니다. 이들의 철학적 통찰은 인류의 지성에 큰 족적을 남겼습니다. 이들은 모두 인간이라면 반드시 고민해야 하는 질문을 던졌습니다. 이 두 책의 저자 장 폴 몽쟁은 소크라테스와 칸트의 심오한 철학을 핵심만 뽑아서 쉽고 간결하게 서술하고 있으며, 재밌는 그림을 통해 당시 두 철학자의 삶을 상상할 수 있게 합니다. 책을 읽으면 소크라테스와 칸트가 한층 여러분의 삶에 가깝게 다가온 것을 느낄 수 있을 것입니다. 두 권의 책을 통해 우리도 소크라테스와 칸트처럼 질문을 던져봅시다. 나 자신에게, 또 이 세상을 향해 질문은 던지는 것이 배움의 첫 번째 발걸음이니까요.

1 · 결정적인 질문 하나가 때로는 열 개의 대답보다 더 큰 힘을 가질 때가 있습니다. 소크라테스처럼 나 자신에게 본질적인 질문을 던져봅시다. '나는 누구인가', '인간은 선한 존재인가?', '타인을 이해한다는 것은 무엇인가?', '모든 사람을 존중해야 하는가?', '행복은 인간에게 도달 불가능한 것인가?'와 같은 질문들은 우리에게 삶을 돌아보게 하고, 세상을 보는 관점을 얻을 수 있게 해줍니다. 내 삶에서 탐구하고 싶은 질문이 있다면 만들어보고, 그 질문에 답하기 위한 공부 계획을 세워봅시다.

2 · 칸트는 "나는 모든 사람들이 항상 그리고 어디서나 진리를 말하기를 원하기 때문에 진리를 말합니다. 나는 나 자신 그리고 타인도 항상 마찬가지로 목적으로서 취급합니다. 결코 수단으로서 취급하지 않습니다"라고 자신의 도덕법칙을 소개합니다. 심지어 살인자 앞에서도 그의 인격을 존중해야 하기 때문에 그 앞에서 거짓말을 해서는 안 된다고 말합니다. 칸트처럼 내가 앞으로 지켜가고자 하는 '내 삶의 도덕법칙'을 만들어보고 그 이유도 함께 써봅시다.

## 18. 『끝과 시작』, 『철학카페에서 시 읽기』

우연이여, 너를 필연이라 명명한 데 대해 사과하노라.

필연이여, 혹시라도 내가 뭔가를 혼동했다면, 사과하노라.

행운이여, 내가 그대를 당연히 받아들이는 걸 너무 노여워 마라.

고인들이여, 내 기억 속에서 당신들이 점차 희미해진대도 너그러이 이해해
달라.

시간이여, 매 순간, 세상의 수많은 사물들을 보지 못하고 지나친 데 대해
뉘우치노라.

－비스와바 쉼보르스카, 『끝과 시작』, 「한 개의 작은 별 아래서」,

215쪽, 문학과지성사

철학자 김용규 선생님은 인간은 말 속에서 길을 찾는 존재라고 말합
니다. 말 속에서 갈 길도 찾고, 말 속에서 살 길도 찾는 것이 사람이지요.
우리의 관심은 시에 담긴 시인의 은밀한 의도를 알아내거나 시를 학문
적으로 분석해 평가하려는 데 있지 않습니다. 하나의 작품을 해석한다
는 것은 그것을 통해 자신의 새로운 '존재가능성'을 찾는 일입니다. '텍
스트 앞에서의 자기 이해'를 얻는 것이지요. 그것은 텍스트를 향해 자
신의 고유하고 한정된 이해 능력을 주입시키는 것이 아니라, 텍스트 앞
에 겸허히 나서는 일입니다. 그럼으로써 텍스트에서 더 넓어진 자기를
얻는 것이라고 이야기합니다. 시를 통해 우리의 존재가능성을 넓혀봅
시다.

1 · 『끝과 시작』을 읽고, 가장 마음에 드는 시를 한 편 골라보세요. 그 시에서도 어느 구절이 가장 가슴에 와닿았는지 이야기하면 여러분의 마음을 솔직하게 표현해볼 수 있을 겁니다.

2 · 『철학카페에서 시 읽기』에 소개되어 있는 시 중에서 마찬가지로 가장 마음에 드는 시와 특히 그 시에서 나에게 와닿는 구절을 장마다 한 편씩 뽑아보세요. 그 구절을 읽었을 때 든 생각, 느낌, 감정, 연결되어 떠오른 어떤 사건이나 장면 등 다양하게 자신의 이야기를 시를 통해 말해봅시다.

우리는 진정한 자신을 찾는 데 몰두하기보다는 선하고 도덕적인 사람이 되려고 노력해야 합니다. 윤리적 가치로서 선은 그 자체로 목적인 반면, 진정한 자기 자신이 되는 것은 보다 좋은 사람이 되기 위한 수단일 뿐이니까요. 정말 최악의 경우에는 진짜 나를 찾는 일이, 좋은 사람이 되는 걸 막는 장벽이 되기도 합니다. 물론 좋은 사람이 되는 동시에 진정한 자기 자신도 찾을 수 있다면 굉장히 근사하겠지요. 그러나 둘 가운데 하나만 선택해야 한다면 우리는 반드시 '선'을 선택해야 합니다.

– 스벤 브링크만, 『철학이 필요한 순간』, 25쪽, 다산초당

덴마크의 대중 철학자 스벤 브링크만은 이 책을 통해 오늘날 불안하고 불확실한 삶을 살아가고 있는 현대인에게 허무주의와 삶의 도구화에 저항할 수 있는 철학적 통찰을 제시합니다. 그는 행복이란 주관적 안녕이나 자아실현과 같은 심리적인 개념이 아니라 우리가 속한 사회에서 비롯되는 실존적 문제라고 말합니다. 따라서 행복한 삶은 우리 사회를 변화시킬 수 있는 윤리적이고 선한 삶 없이는 불가능한 것입니다. 이런 저자의 통찰을 바탕으로 책을 읽으며 오늘날 의미 있는 삶을 살기 위해서 내가 취해야 할 태도는 무엇인지 고민해봅시다.

1 · 저자는 아리스토텔레스, 칸트, 니체, 키르케고르, 아렌트, 로이스 트루프, 머독, 데리다, 카뮈, 몽테뉴 등 10명 철학자의 개념을 통하여 불안과 허무에서 벗어날 수 있는 길을 제시합니다. 이들 중 한

사람을 골라서 그 철학자가 제안하는 '행복한 삶'과 '선한 삶'이 무엇인지 그 개념을 정리해봅시다.

2 · 이 책에서 말하는 의미 있고, 선한 삶을 살아내기 위해서 나에게 꼭 필요한 덕목은 무엇이 있는지 찾아봅시다. 또한 내가 갖추고자 하는 덕목을 잘 실현하고 있는 사람은 누구인지 구체적인 예시를 찾아봅시다. 나아가 그러한 덕목을 잘 실현하기 위해서 내가 가져야 할 삶의 태도는 무엇이며 이를 어떻게 실천할 것인지에 대한 나의 다짐을 적어봅시다.

## 20. 『너는 가슴을 따라 살고 있는가』

모두가 교육에 열을 올리지만, 거기에서 행복을 찾기가 쉽지 않은 것은 자신의 길이 아닌 곳으로 내몰고 있기 때문이다. 인문을 익히는 일은 대단히 중요하다. 인류의 문화, 인류의 질서를 헤아리는 공부인 인문 속에 인간을 생각하는 휴머니즘이 들어 있다. 삶과 사랑을 포기한 사람들이나 "인문을 배워서 무엇에 쓰나?"라고 말한다. 현대 교육은 대량과 속성을 위주로 하여 이미 만들어져 있는 방법들을 빨리 외우게 해서 빨리 써먹기를 강요한다. 인문이 빠져 있으므로 삶의 행복은 대충 넘어가게 된다. 그것이 무엇이든 간에 즐거움을 구할 수 있는 직업을 찾아야 한다. 밥그릇이 크고 튼튼하고 질겨 보여서 그 길로 간 이도 없지 않을 것이다. 밥이 소중한 것은 사실이지만, 밥만으로 살 수 없는 것 또한 사실이다. 목표한 바를 얻었더라도 창조적으로 쓰지 못하면 불행해진다. 즐거움을 주지 못하면 아무리 대단한 성취라 할지라도 무슨 의미가 있겠는가?

– 홍영철, 『너는 가슴을 따라 살고 있는가』, 8~9쪽, 북스넛

이 책의 부제는 '아픈 시간을 걸어 나와 빛 아래에 우뚝 서다'입니다. 부제가 말하듯, 책에는 힘들고 어려운 시간에 맞서 고귀한 영혼으로 살아간 예술가들이 소개되어 있습니다. 자기 삶 자체를 명작으로 만든 미켈란젤로, 사랑의 힘으로 바이올린을 지켜낸 파가니니, 춥고 아프고 배고픈 방랑 속에 아름다운 시를 유산처럼 남기고 떠난 랭보, 가슴이 원하는 삶을 살았던 피카소, 자신의 작품에 모든 열정을 다 쏟아부었던 고갱, 고독과 절망을 위대한 노래로 엮어낸 비틀스 등 20여 명의 예술가

·· 1장. 공부는 좋은 사람이 되는 길이다

가 바로 그 주인공인데요. 혼신을 다한 창조적 삶은 우리에게 의미 있는 삶이 무엇인지 절실하게 말해줍니다.

1 · 고통이나 슬픔, 절망과 두려움 같은 감정들은 너무 힘든 것들이라 삶에서 우리가 애써 부정하고 싶은 감정들입니다. 책에서 만난 사람 중 내가 생각할 때 고난을 가장 잘 극복해낸 예술가는 누구인가요? 그 사람을 뽑은 이유는 무엇인가요?

2 · 내 삶의 가장 큰 고통은 무엇인가요? 지금 내가 가장 두려워하는 것은 무엇인가요? 그것을 극복하기 위해 나에게 어떤 영혼의 무기가 필요한지, 책에서 만난 예술가가 보여준 삶의 태도와 불굴의 정신을 예시로 그 방법을 찾아가봅시다. 내 삶의 어려운 시간을 피하지 말고 마주해보는 시간이 되길 바랍니다.

# 함께 보면 좋은 영화

### 1. <빌리 엘리어트>
**스티븐 달드리 / 영국, 프랑스 / 2000**

영국 북부 탄광촌에 사는 11살 소년 빌리는 매일 복싱을 배우러 가는 체육관에서 우연히 발레에 흥미를 느끼게 되고, 발레 선생님은 빌리에게 특별 수업을 진행하며 발레에 재능이 있다는 사실을 알게 됩니다. 발레는 여자들이나 하는 것이라는 아버지 앞에서 빌리는 멋진 춤을 추어서 아버지의 마음을 돌려세우고 마침내 발레학교에 입학하게 되고 훌륭한 발레리노로 성장합니다. 빌리는 편견을 극복하고 진정한 자기 자신의 삶을 찾아간 것입니다. 사회적 편견 때문에 내가 하고자 하는 일이 가로막힌 경험이 있나요? 내가 극복하고자 하는 편견은 무엇이며 이를 위하여 나는 무엇을 할 수 있을지 생각해봅시다.

### 2. <웨일 라이더>
**니키 카로 / 뉴질랜드, 독일 / 2002**

주인공 파이키아가 사는 마을은 고래를 타고 온 영웅이 세운 마을입니다. 그래서 이 마을에는 위기가 있을 때 그들을 이끌 족장이 탄생한다는 전설이 있습니다. 사람들은 고래를 타는 자의 후대를 기다리며 족장이 될 소년을 찾습니다. 관습에 따라 족장은 남자밖에 될 수 없기에 파이키아는 지도자로서 탁월한 능력을 보임에도 할아버지에게 외면을 당합니다. 그런데 마을에 위기가 발생하게 되고, 아무도 해결하지 못한 이 문제를 파이키아가 해결하는데요. 그 과정에서 파이키아는 다른 사람을 배려하는 능력, 다른 생명체들과 대화할 수 있는 뛰어난 공감능력, 차별과 편견의 시선에 굴복하지 않는 용기를 보여줍니다. 파이키아가 보여준 삶의 태도를 보며 오늘날 우리에게 요청되는 능력이란 무엇인지 생각해봅시다.

### 3. <천국의 속삭임>
**크리스티아노 보르토네 / 이탈리아 / 2006**

이탈리아의 음향감독인 미르코 멘카치의 실화를 바탕으로 한 영화입니다. 세상에 부러울 것 없이 행복한 소년이던 미르코는 8살에 우연한 사고로 시력을 잃게 됩니다. 미르코는 당시 장애인을 격리시키는 법에 따라 자상한 부모님과 친구들을 떠나와 정규 교육이 아닌 맹아학교에 입학해야 했지요. 희미하게 남아 있던 시력마저 완전히 잃게 되면서 절망하고 스스로 마음을 닫으려고 하지요. 하지만 그 순간, 그는 녹음기를 이용하는 수업을 통해 소리에 대한 숨겨져 있던 재능에 눈을 뜨게 됩니다. 그리고 비록 앞이 보이지 않지만 순수하고 맑은 영혼을 가진 친구들과 함께 한 번도 시도해보지 않았던 소리를 이용한 연극에 도전하게 되면서 새로운 삶이 시작됩니다. 우리가 귀 기울여야 하는 소리가 무엇인지 생각해볼 수 있는 영화입니다.

## 4. <눈먼 자들의 도시>
### 페르난도 메이렐레스 / 미국 / 2008

평범한 어느 날 오후, 앞이 보이지 않게 된 한 사람이 차를 세웁니다. 이후 그를 집에 데려다 준 남자도, 아내도, 치료받기 위해 들른 병원의 환자와 의사들도, 모두 시야가 뿌옇게 흐려지면서 '백색실명'에 걸리게 됩니다. 눈이 먼 사람들이 기하급수적으로 늘어나며 정부는 이들을 격리 수용합니다. 그리고 그 안에서 앞을 볼 수 있지만 남편을 지키고자 눈먼 자처럼 행동하는 한 사람이 있습니다. 영화를 보며 인간이 절망적이고 극단적인 상황에 처했을 때 어떻게 되는지, 또한 그 속에서도 인간의 존엄성을 어떻게 지킬 수 있는지를 생각해볼 수 있습니다.

## 5. <저스트 머시>
### 데스틴 크리튼 / 미국 / 2019

흑인이라는 이유로 자신이 저지르지도 않은 범죄의 용의자로 내몰려 사형을 선고 받은 한 남자가 있습니다. 억울함을 호소해보지만 누구도 믿어주지 않습니다. 절망 속에서 죽음을 기다리던 중 한 명의 변호사가 그를 찾아옵니다. 그의 이름은 브라이언 스티븐슨, 약자들의 정의를 위해 활동하는 변호사입니다. 세상의 가장 낮은 곳, 인종 차별과 빈부 격차가 적나라하게 드러나는 사형장에서 그는 인간의 존엄성에 대해서 질문합니다. 한 사회의 품격은 부유한 이들이 아니라 가난한 약자의 처지에 있는 이들이 받는 대우에 달려 있습니다. 실화를 바탕으로 한 이 영화를 보면서 우리 사회의 품위와 본질적인 가치에 대해서 다시 생각해볼 수 있습니다.

2장

공부는 세상을 향해
던지는 질문이다

## 세상을 향해 질문을 던지는 교육

코로나19 바이러스의 공포가 세상을 잠식하고 있습니다. 그러나 전염병 역시도 공평하게 오는 것 같지 않습니다. 코로나가 불어온 차디찬 바람 속에서 부유한 이들은 안락한 집에서 안전하게 지내지만, 누군가는 마스크도 없이 두려움과 공포로 떨고 있습니다. 같은 인간임에도 극명하게 대비되는 처지에 놓인 것입니다.

특히 세계적으로 교육의 공백은 치명적입니다. 부유한 집의 아이들이 사교육과 좋은 환경에서 인터넷을 통한 교육을 받는 것과 대조적으로 가난한 집의 아이들은 어떤 교육의 혜택도 받지 못하고 있을뿐더러, 학교에 가지 못하는 아이들을 돌보느라 그 부모가 지게 되는 부담으로 가정의 경제적 생산성도 타격을 받습니다. 이는 이후에 이 가정이 악화되는 빈곤의 소용돌이로 빠져들 가능성이 높아진다는 것을 의미합니다. 교육은 한 가정의, 한 사회의, 한 나라의 미래를 결정하는 가장 중요한 핵심 요소입니다. 지금의 위기도 끝나지 않았지만, 학계에서는 앞으로 인류에게 더 큰 위기가, 더 자주 올 것이라고 경고합니다. 세상은 점점 더 불확실하고 불안정하며, 불안전한 상태로 나아가고 있습니다.

오늘날의 교육은 국경을 넘어 전 세계의 인류가 맞이하고 있는, 앞으로 맞이하게 될 문제에 대비해야 합니다. 특히 한국은 교육을 통한 경제성장과 민주주의의 발전으로 주목받는 나라입니다. 그러나 지금은 기회균등을 상징했던 교육이 불평등한 현실에서 계급을 세습하는 수단으로 탈바꿈했습니다. 한국 교육은 똑똑하고 표준화된 노동자를 길러내는 데는 성공했지만, 창의적이면서도 타인을 배려하고 성찰하는 인간을 키워내는 데는 실패했다는 비판도 받습니다. 한국 사회의 교육은 희망과 절망의 교차점에 서 있습니다. 그래서 한국 교육을 비판적으로 살펴보는 것은 총체적 위기에 부딪힌 시대에 교육이 나아가야 할 방향을 찾는 것에도 도움이 되는 일일 것입니다.

한국 교육은 세계에서 찬사를 받곤 합니다. 1945년 글을 읽고 쓸 줄 아는 사람들의 비율이 겨우 22%에 불과했지만, 지금은 최소한의 글을 읽고 쓸 줄 아는 사람들은 99%에 이르며, 고등학교 졸업생 중 69.7%가 대학에 진학합니다. 이는 10년째 OECD 국가들 중 가장 높은 수치입니다. 가히 놀라울 만한 교육의 성장입니다. 한국의 발전 배경 중 하나로 언제나 높은 수준의 인적 자원이 언급되는 것을 보면 교육은 효율적이며 성공적인 것처럼 여겨집니다.

하지만 동시에 다른 평가도 있습니다. 2019년 9월 스위스 제네바에서 열린 유엔 아동권리위원회에서는 "한국의 공교육 제도의 최종 목표는 오직 명문대 입학인 것으로 보인다"라고 비판했습니다. 입시를 비롯해서 취업에 이르기까지 한국 사회에서는 시험을 잘 치는 것이 교육의 목표가 되었습니다. 오늘날 시험은 단순히 학력을 점검하는 도구가 아니라 당락에 따라서 자신의 생존이 결정되는 위태로운 동아줄입니다. 영유아부터 초·중·고등학교, 대학교에서도 경쟁 교육을 하며, 이후에도 각종 공무원 시험과 기업에서도 입사 시험에 목숨을 걸어야 하는 형국입니다. 문제는 정형화되고 표준화된 시험이 진정한 실력을 키우는 것과 자유로운 사유를 방해한다는 것입니다. 10년 넘게 영어 공부를 하

공중보건 자원봉사 단체 '건강의 동반자들(PIH)'을 설립한 김용, 오필리아 달, 폴 파머(왼쪽부터)

는데도 정작 외국인과 대화 나누는 것조차 자유롭지 않은 영어 교육은 대표적인 시험의 폐해라고 말할 수 있습니다. 자유의 상징인 대학 강의실에서조차 교수님의 말이라면 농담까지 베껴 쓰는 수준의 공부가 진행되고 있습니다. 질문과 비판, 대화와 토론이 사라진 교육은 어떤 사람을 키우게 될까요? 정말 두렵습니다.

교육은 한 인간이 자신이 가진 가능성을 실현하고, 사회가 마주하고 있는 다양한 문제를 해결해 나갈 수 있는 역량을 키우는 역할을 해야 합니다. 따라서 교육에서 정해진 답을 맞히는 능력을 키우는 것만큼 중요한 것은 자신이 누구이며, 우리 사회에서는 어떤 일이 일어나고 있고, 그 속에서 나는 무엇을 할 것인지에 대해 질문하고, 또 그 길을 찾아나가는 능력을 키워주는 것입니다.

전 세계은행 총재인 김용은 어린 시절부터 어머니에게 "이 세계에 대한 나의 책임은 무엇인가"라는 질문을 받았습니다. 퇴계 이황의 학문을 공부한 김용의 어머니는 이 질문을 통해 아들 김용에게 공부를 아무리 잘하더라도, 또 경제적으로 아무리 부유하더라도 다른 사람들과 함께 살아가는 세상이라는 것을, 그 속에서 자신의 역량을 발휘하여 모두에게 도움이 되는 삶을 살아가야 한다는 것을 가르치고자 했습니다. 그런 김용은 하버드 의과대학원을 졸업했지만 출세가 보장된 편안한 길을 버리고 아이티, 페루, 르완다 등의 가난하고 질병에 취약한 사람들이 있는 곳으로 갑니다. 그곳에서 김용은 그들이 직면한 문제를 해결하기 위해 끝없는 질문을 던졌고, 가난하고 병든 사람들을 실질적으로 도와줄 수 있는 파트너십 프로그램을 만들었습니다. 김용이 세계은행 총재가 되기 전, 그는 아시아인으로는 최초로 아이비리그 대학인 다트머스 대학의 총장이었습니다. 그때 그가 실시했던 가장 중요한 정책이 바로 질문을 던지는 인문 교육이었습니다. 지성인이란 인간 본연의 존재에 대한 질문에서부터 역사적 사실, 세계에서 일어나는 일에 대해 생각하고 토론하고 글을 쓰는 과정에 관심을 갖는 사람을 뜻하기 때문입니다.

> 나는 인간이다. 인간에 관한 일이라면 어떤 것도 남의 일로 여기지 않는다.
>
> – 테렌티우스

세계로 퍼진 전염병, 기후 위기, 생물 다양성의 위기, 경제적 불평등, 난민 문제, 전쟁의 위기, 과학기술의 발달에 따른 인간 존엄성의 위기 등 오늘날 인류가 직면하고 있는 다양한 문제들은 우리에게 질문을 던집니다. 우리는 어떤 선택을 해야 할까요? 바로 이 지점에 오늘날 교육의 역할이 있습니다. 교육은 인간이 자신의 가능성을 일깨우고, 다른 세계와 연결되어 있음을 깨닫게 하며, 그 과정 속에서 문제를 해결하는 힘을 길러주는 것이어야 합니다. 다가오는 위험과 공포의 세계 속에서 우리 교육은 인간의 가능성을 증명할 수 있을까요? 이것이 자유와 희망의 교육을 위한 한국 사회의 가장 중요한 과제입니다.

# 1

# 자유롭고 평등한 사회는 가능한가?

새로운 세계를 위한 사회적 상상력

2020년 2월 10일 열린 제92회 아카데미 시상식에서 봉준호 감독의 영화 〈기생충〉이 한국 영화 최초로 6개 부문에 후보로 올라 감독상, 각본상, 국제 장편 영화상을 비롯하여 아카데미 최고의 영예인 작품상까지 4개 부문에서 수상했습니다. 영화사에 새로운 기록을 여러 개 남겼는데, 한국 영화가 아카데미에서 수상하는 것은 처음이며, 또한 칸영화제 최고상인 황금종려상을 탄 작품이 아카데미에서도 최고상을 탄 것도 65년 만에 있는 일이라고 합니다. 한국인으로서, 또 영화 〈기생충〉을 감명 깊게 본 관객으로서 세계의 이 같은 관심은 무척 자랑스러운 일이 아닐 수 없습니다. 하지만 영화 〈기생충〉이 그려낸 모습이 우리의 불평등한 세상을 너무나도 사실적으로 그려내고 있다는 점에서 쓸쓸한 심정을 숨길 수가 없습니다. 오스카의 빛나는 영예 반대편에는 영화가 담고 있는 어두운 현실이 그림자처럼 명백하게 드리워져 있습니다.

# 명백한 계급 사회에 들어선 한국, 그리고 난장이

한국은 불평등한 계급 사회이며, 이는 객관적인 지표로도 보입니다. 한국에서 소득 수준 상위 10%는 국민 전체 소득에서 50%를 가져갑니다. 이들은 부동산의 70%를 차지하고 있고, 이자 및 주식 배당에서 80%를 차지하고 있습니다. 임금노동자 1,800만 명 가운데 절반인 900만 명은 월평균 소득이 200만 원 이하이며, 자영업자 중 70%인 350만 명이 월 소득 200만 원이 안 되는 삶을 살고 있습니다. 한국 사회에서 '몫'은 이미 가진 자들에게 유리한 방식으로 분배가 되고 있습니다. 그리고 이러한 불평등한 현실이 주는 고통은 대를 이어 반복되고 있습니다.

사실 〈기생충〉 이전에 한국의 불평등과 계급 갈등을 다룬 대표적인

고급 아파트 단지와 이웃한 빈민가 ⓒ연합뉴스

작품이 있는데, 바로 조세희 작가의 『난장이가 쏘아올린 작은 공(난쏘공)』입니다. 1978년에 연작 소설을 묶어서 나온 이 책은 도시 재개발 과정에서 철거민 가정의 아픔을 담아내고 있습니다. 이 소설은 발간 39년 만에 300쇄를 돌파했으며, 지금까지도 계속 읽히고 있습니다. 작가는 이 소설이 계속 읽히는 것은 부끄러운 일이라며, 2008년 〈한겨레〉와의 인터뷰에서 이미 이렇게 말한 바 있습니다.

> 내가 '난장이'를 쓸 당시엔 30년 뒤에도 읽힐 거라곤 상상 못 했지. 앞으로 또 얼마나 오래 읽힐지, 나로선 알 수 없어. 다만 확실한 건 세상이 지금 상태로 가면 깜깜하다는 거, 그래서 미래 아이들이 여전히 이 책을 읽으며 눈물지을지도 모른다는 거, 내 걱정은 그거야.

## 『난쏘공』과 〈기생충〉, 혁명의 실패

1978년에 나온 소설 『난쏘공』과 2019년에 나온 영화 〈기생충〉은 계급과 불평등이라는 주제 의식 외에도 이를 표현하는 방식에도 유사한 지점이 많습니다. 우선 공간적으로 『난쏘공』에서는 집을 철거 당하게 된 철거민 난장이 '김불이' 가족이 등장합니다. 영화에서 기택 가족은 비만 오면 물이 새고, 공짜 와이파이를 사용하기 위해 사방을 헤매야 하는 반지하에 살고 있습니다. 또한 두 작품에서 모두 공통적으로 '냄새'는 계급적 정체성을 드러내고 있습니다. 『난쏘공』에서 난장이의 자식인 영희와 영호는 개천 건너 부자 주택에서 퍼지는 '고기 굽는 냄새'를 동경합니다. 그리고 도시 빈민들에게서는 '눈물 냄새'가 납니다. 영화 〈기생충〉에서 기택네 식구들에게서는 '반지하 냄새'가 납니다. 두 작품은 결말도 닮아 있습니다. 『난쏘공』에서 난장이 가족의 장남인 영수가 은강 그룹 회장의 동생을 살해하고, 본인은 사형 선고를 받지요. 영화 〈기생충〉에서 기택은 박 사장을 살해하고 유폐 생활에 들어갑니다. 두 작품 모두 극단적인 폭력으로 마무리되지만, 이는 안타깝게도 구조적인 폭력으로 가득한 현실을 바꾸는 혁명에 이르는 데는 실패합니다. 부유한 자본가 계급을 대리하는 한 사람을 죽인다고 해도 그 자리는 다시 다른 사람으로 채워질 뿐이기 때문입니다. 두 작품 모두 혁명의 실패, 혹은 혁명이 실패할 수밖에 없는 시대의 몸부림인 것입니다.

조세희 작가는 2000년에 신판을 내며 "혁명이 필요할 때 우리는 혁명을 겪지 못했습니다. 그래서 우리는 자라지 못하고 있다"라고 썼습니다. 혁명을 겪지 못하고 자라지 못한 대가로 우리 사회에 수많은 난장이는 눈물을 흘리는 것에 그치지 않고 피를 흘리며 목숨마저도 허락되지 않습니다. 영화 〈기생충〉이 이토록 조명을 받고 있지만, 정작 한국 사회가 그 영화가 고발하는 우리 사회 계급의 문제를 직시하지 않는 것은 여전히 혁명이 필요한 때 혁명을 하지 못하고 있는 모습은 아닐까요.


## 난장이의 눈물은 어떻게 닦아줄 수 있는가

2020년 오늘날 한국 사회의 초등학생들 사이에서 유행하는 '엘사'라는 말이 있습니다. 흔히 영화 〈겨울왕국〉의 주인공인 '엘사'가 떠오르지만, 아이들이 쓰는 엘사는 조금 다른 의미입니다. 바로 시세보다 저렴한 분양 아파트인 LH에 사는 사람을 줄임말로, 저소득층을 비하하는 말입니다. 엘사 이외에도 휴거(휴먼시아 거지), 월거지(월세 사는 거지), 전거지(전세 사는 거지), 빌거지(빌라 사는 거지), 이백충(월수입 200만 원 이하인 벌레) 같은 혐오적이고 차별적 표현이 아이들 사이에서 횡행하고 있습니다. 저소득층 가정에서는 경제적인 어려움을 넘어서 아이들이 놀림당하는 것까지 걱정해야 하는 비참한 현실에 놓여 있습니다.

『난쏘공』에서 난장이 가족의 장남 영수는 자신의 노트에 이렇게 썼습니다.

> 폭력이란 무엇인가? 총탄이나 경찰 곤봉이나 주먹만이 폭력이 아니다. 우리의 도시 한 귀퉁이에서 젖먹이 아이들이 굶주리는 것을 내버려 두는 것도 폭력이다. 반대 의견을 가진 사람이 없는 나라는 재난의 나라이다. 누가 감히 폭력에 의해 질서를 세우려는가? (…) 햄릿을 읽고 모차르트의 음악을 들으면서 눈물을 흘리는 (교육받은) 사람들이 이웃집에서 받고 있는 인간적 절망에 대해 눈물짓는 능력은 마비당하고, 또 상실당한 것은 아닐까?
> – 조세희, 『난장이가 쏘아올린 작은 공』, 110쪽, 이성과힘

『난쏘공』과 〈기생충〉 두 작품 모두 약자의 직접적인 폭력으로 마무리가 되지만, 이미 독자들은 그들이 '젖먹이 아이들이 굶주리는 것을 내버려두는 것'과 같은 보이지 않는 무수한 간접적 폭력을 당해왔음을 알고 있습니다. 그리고 그 폭력의 세기는 시간이 흐를수록 점점 강해졌습니다. 난장이 가족이 받아야 했던 시선은 '엘사'라는 더 치욕스럽고 교묘

한 용어로 바뀌어 사회적 약자들의 자존감을 비참하게 짓밟고 있는 것처럼 말입니다.

자본주의 경제에서 경제 성장은 자본 축적의 원리에 따라 더 많은 곳으로 부가 모이고, 불평등의 심화로 이어지며, 더 나아가 부와 가난의 대물림으로 나타납니다. 심각한 불평등은 곧 구조적 폭력으로 이어져 난장이를 눈물짓게 만드는 것입니다. 하지만 경제 구조가 그렇다고 해서 우리가 아무것도 할 수 없는 것은 아닙니다. 오히려 구조적 폭력을 완화할 수 있는 사회적 장치를 만들고, 불평등한 경제를 교정하며, 인간의 인간다움을 회복할 수 있는 사회와 문화를 만들어가는 것이 인간의 일입니다.

그러니 난장이의 눈물을 닦아줄 방법은 혁명입니다. 즉, 구조를 바꾸는 일입니다. 그렇다면 구조는 어떻게 바꿀 수 있을까요? 바로 일상에서 참지 않아야 할 일들에 목소리를 내는 깨어 있는 시민들이 늘어나는 것이 혁명의 시작입니다. 예컨대 우리는 왜 혐오의 표현들을 허용하고 있을까, 언제부터 우리는 이런 말들을 견디는 사회가 되었을까, 더불어 이와 같은 혐오를 어떻게 극복할 수 있을 것인가 질문해야 합니다. 그리고 우리는 용인할 수 없는 문제를 용인하고 눈 감게 하는 이 분명한 실체를 똑바로 마주해야 합니다. 그렇다면 누가, 어떻게 구조를 바꾸는 정의로운 혁명을 가능하게 할 수 있을까요?


## 새로운 세대여, 정치에 참여하여 난장이의 눈물을 닦으라

정의의 기본적 관념은 사회적 존재에게 낯선 것이 아닌데, 이들은 그들

자신의 이익에 대해 걱정하면서도 또한 가족구성원, 이웃, 동료 시민들 그리고 세계의 다른 사람들에 대해서도 생각할 수 있기 때문이다. 애덤 스미스가 탁월하게 분석한 '공정한 관찰자'를 포함한 사고 실험은 우리들 대부분에게 떠오르는 직관적인—그리고 지배적인—생각을 정식화한 것이다.

– 아마르티아 센, 『자유로서의 발전』, 374쪽, 갈라파고스

경제학자 아마르티아 센은 애덤 스미스의 '공정한 관찰자' 개념으로 정의로운 사회로 나아가는 길을 모색하는데요. 공정한 관찰자는 인간이면 누구나 내면에 갖고 있는 것으로, 상대방의 입장을 관찰하고 이해할 수 있는 공감 능력을 뜻합니다. 특히 중요한 것은 이 공정한 관찰자가 관심을 갖는 것은 다른 사람들의 기쁨에 대해서가 아니라 그들의 고통에 대한 것이며, 그 고통을 내 고통처럼 이해한다는 것입니다. 타인의 고통을 나의 고통처럼 이해하는 공정한 관찰자가 경제와 정치의 연결 지점에 서야 하는 것입니다. 이것이 오늘날 새로운 세대에게 요청되는 과제입니다. 그리고 변화는 이미 시작되고 있습니다.

세계적으로 청년들이 정치적 공론장에 참여하고 변화를 만들어가고 있습니다. 독일 청년 7만 명이 가입한 유조스(Jusos)는 독일사민당과 연대하는 청년 정치 조직입니다. 이 조직이 중요한 이유는 독일사민당에 속한 것이 아니라 독일사민당과 함께, 혹은 독일사민당을 활용하여 자신들의 정치적 목소리를 내는 조직이라는 것입니다. 이 단체는 14세에서 35세 사이의 청년만 가입할 수 있습니다. '자유, 정의, 연대'의 가치로 모든 사람이 억압받지 않는 세상을 꿈꾸며 '환경, 유럽연합, 주택, 연대, 평등, 교육, 일, 세금, 사회 공공인프라' 등 삶에 밀접히 닿아 있는 영역

에서 공공 정책을 실현하기 위한 활동을 펼치고 있습니다.

또한 미국에서는 오카시오 코르테스 의원으로 대표되는 밀레니얼 세대의 움직임도 눈에 띕니다. 도날드 트럼프 미국 대통령 다음으로 트위터 영향력이 센 오카시오 코르테스는 이주민, 유색인종, 난민, 여성 등 사회적 약자를 대변하며 시민들의 정치 참여를 적극적으로 이끌어내는 역할을 하고 있습니다. 그런 그녀를 지지하는 사람들이 많아지며 2018년 11월에 미국 하원 의원 역사상 최연소로 당선되기도 했습니다.

지금, 이 순간에도 우리 사회의 다양하고도 지난한 삶에 지친 난장이는 여전히 눈물짓고 있습니다. 그 자녀들은 여전히 놀림당하고 있습니다. 정치는 삶의 현장을 대변하고, 변화시키는 실질적인 힘을 갖고 있습니다. 그러므로 어설픈 정치나 대변은 오히려 더 큰 비극만을 낳게 됩니다.

우리 사회에도 가난한 사람들, 소외된 이들을 대변할 수 있는 정치가 필요합니다. 그리고 청년들은 바로 그런 목소리에 귀를 기울여야 합니다. 사회적 약자들이 행복할 수 있는 사회라면 누구나 행복할 수 있는 사회가 될 가능성이 크기 때문입니다. 그러니 청년이여, 새로운 사회적, 예술적 상상력을 갖고 정치에 참여합시다. 부와 권력으로 불평등하게 분배된 공간적 배치를 전복하고 감각을 뒤집는 가능성을 상상합시다. 나를 넘어서 아프고 병든 세상을 품읍시다. 그들이 더 이상 눈물 흘릴 필요 없는 세상을 만듭시다. 반복되는 난장이의 사슬을 끊읍시다. 우리 모두가 난장이입니다. 우리 모두가 존엄한 인간입니다. 우리 모두가 자유롭고 평등한 사회의 민주 시민입니다.

# 2

# 오늘날 공동선이란 무엇인가?

공동선을 향한 정의로운 사랑

## 두 아버지

인도의 아버지라 불리는 마하트마 간디는 가장 가난하고 천대받는 불가촉천민까지도 사랑하고 품고자 하였지만, 자기 가족에게는 아주 엄격한 아버지였습니다. 특히 큰아들인 하릴랄은 아버지가 자기 가족을 버리면서 인도를 위하는 그 마음은 위선이라고까지 말하며 아버지에 대한 불만을 제기했습니다. 하릴랄은 아버지처럼 영국으로 가서 법률을 공부하고 싶었지만, 간디는 끝내 여기에 반대했습니다. 영국의 인도 식민 지배에 맞서 싸우고 있는 시점에서 서구식 교육을 받는 것이 인도 독립에 도움이 되지 않는다고 본 것입니다. 아버지에게 거부당한 하릴랄은 가족과 절연합니다. 이슬람교로 개종하고 개명을 하는 등 방황을 하다 끝내 알코올 중독자가 되었습니다. 하릴랄이 간디의 이름으로 사기를 치

마하트마 간디

기도 했는데, 이에 간디는 잡지에 다음과 같은 글을 기고합니다.

그 아이(하릴랄)와 내 이상이 다르다는 것이 확인된 것은 15년도 넘은 일이며, 그 후로 우리는 따로 살고 있고 나는 직접적으로든 간접적으로든 그아이를 도운 일이 없습니다. 아들이 열여섯 살이 넘으면 친구이자 동등한사람으로 대접해야 한다는 것이 나의 변함없는 원칙이었습니다. 나는 하릴랄의 일을 모릅니다. 가끔 그 아이가 나를 만나러 오기는 하지만, 한 번도 그아이 일을 캐물은 적이 없습니다. (…) 이 분의 예가 거래에서 명사의 이름에현혹되어 피해를 보는 사람들에게 경고가 되기를 바랍니다. 어떤 사람이 선하다고 해서 그 자식까지 선하란 법은 없습니다.

자기의 마음을 알아주지 못하는 아버지가 하릴랄은 얼마나 야속했을까요. 하지만 하릴랄이 무너지는 모습을 보는 아버지 간디의 심정은 얼

·· 2장. 공부는 세상을 향해 던지는 질문이다

에르네스토 체 게바라

마나 더 찢어졌을까요. 간디는 자식과 가정에 대한 사랑과 공공의 시대적 책무 사이에서 깊이 고민했고, 그럴수록 스스로와 자기 가족에게 엄격할 수밖에 없었습니다.

또 한 명의 아버지가 있습니다. 바로 혁명가 에르네스토 체 게바라입니다. 그는 자본주의적 경제 발전이 심각한 빈부격차와 노동 착취를 일으킨다는 것을 간파하고 세상을 바꾸기 위한 혁명에 뛰어듭니다. 자기가 태어난 곳은 아르헨티나였지만, 실제로 혁명에 착수하는 것은 쿠바였습니다. 그리고 쿠바 혁명을 완수한 후에는 볼리비아에서도 혁명을 완수하기 위해 전쟁에 뛰어들었다가 목숨을 잃게 됩니다. 체 게바라가 혁명을 위해 동분서주하니 자연스럽게 아내와 딸과는 떨어질 수밖에 없었습니다. 전쟁터에서도 밤이면 책을 손에서 놓지 않았던 그는, 그리운 딸 일디타에게 편지를 보냅니다.

어른이 되었을 때 가장 혁명적인 사람이 되도록 준비하여라. 이 말은 네 나이에는 많이 배워야 한다는 것을 의미한단다. 정의를 지지할 수 있도록 준비하여라. 나는 네 나이에 그러지를 못했단다. 그 시대에는 인간의 적이 인간이었다. 하지만 지금 네게는 다른 시대를 살 권리가 있다. 그러니 시대에 걸맞은 사람이 되어야 한다.

체 게바라는 혁명을 성공한 주역으로 권력을 쥐고 사회를 호령할 수도 있었지만(실제로 혁명 동지였던 피델 카스트로는 생을 다한 2016년까지 쿠바의 수장으로 장기 집권을 했습니다), 딸에게도 혁명가가 되라고 말했습니다. 정의를 지지하고, 인간다운 사람이 되어 그런 시대를 만들라고 말했습니다. 혁명의 최전선에서 죽음이라는 가장 두려운 적과 마주하고 있던 그가 딸에게 그보다 더 나아간 혁명적인 사람이 되라고 말할 때 그 마음은 어떤 것이었을까요.

## 한국 사회의 시민 계층 형성 과정

간디와 체 게바라가 결국 자녀에게 남긴 것은 그 사회를 책임지는 시민, 세상을 개선하는 혁명가가 되라는 메시지였습니다. 자녀에게 어떻게든 자신의 부와 재산을 세습하거나, 또는 막대한 교육비를 들여서 자녀의 개인적 성공을 위해 헌신하는 우리 사회의 전반적인 분위기와는 사뭇 다른 모습이 아닐 수 없습니다. 그렇다면 왜 우리는 이토록 학벌에 목매어야 하고, 개인적인 성공을 중요시 여기는 사회가 되었을까요? 우리 사회에 부모들은 자녀에게 공익에 헌신하는 시민이 되기보다는 적극적인 사익 추구를 권하는, 그래서 자녀의 이익을 위해서는 불법도 서슴지 않는 비뚤어진 사랑을 구현하게 되었을까요? 이를 이해하기 위해 근대 이후 시민 계층이 어떻게 형성되었는지를 살펴볼 필요가 있습니다.

유럽에서 시민 계층은 귀족 계층과의 대결과 경쟁을 통해 형성되었습니다. 시민 계층은 문화적으로는 이상주의와 퇴폐주의를 추구한 귀족 계층에 대해서 이성적 합리주의와 경험주의로 맞섰습니다. 나아가 시민은 사적 이익의 추구와 공동선의 실현 사이에서 조화로운 화합을 이루고자 했으며, 이것이 근대 시민 사회를 형성하는 근간이 되었습니다. 반면에 우리의 시민 계층은 1960년대 이후 빠른 도시화와 더불어 양적으로 급성장했습니다. 그리고 동시에 개발 독재라는 현실 속에서 국가 권력에 대해 비판적 의식을 갖는 주체적 개인으로서 시민의 지위를 얻어가고 있습니다. 여기서 서구와 다른 것은 계층적·문화적으로 대항 세력이 없었다는 것입니다. 유럽에서는 귀족 계층이 시민을 긴장시켰습니다. 신분적 우월성, 예술의 고급스러운 취향과 생활 양식에 대하여 시민들은 자기들만의 고유한 양식을 발전시켰습니다. 그러나 우리는 어떠했나요? 국가에 대해서 대항하였으되, 마땅한 시민 문화를 형성하지 못하는 시간이었습니다. 1970년대 경제 발전을 위해서는 최선을 다했으나 이후 어떤 사회와 문화를 만들어 갈 것인지에 대한 상상력은 부족했습니다. 시민 문화를 형성하기엔 너무나도 급변하던 시기였던 것입니다.

## 경제 위기와 잃어버린 공동선

1987년 마침내 긴 시간의 독재 정권을 무너뜨렸을 때, 시민 계층은 갑자기 자기 앞에 있던 독재라는 큰 적을 잃어버렸습니다. 남는 것은 현실적으로 다가오는 생업이었죠. 그리고 90년대에 급격한 세계화의 물결이 몰아쳤고 1997년 IMF 외환 위기를 겪게 됩니다. 기업에서 정리해고의 열풍이 불기 시작했습니다. 생존경쟁은 치열해졌으며 어떻게든 더 나은 지위를 차지하기 위한 경쟁에서 교육은 그 선두에 있었습니다. 그런 경향 속에서 한국 사회는 '승자독식, 무한경쟁, 적자생존의 사회'로 변해서 개인들의 가장 절박한 관심은 '진정한 삶'이라거나 '행복한 삶'이 아니라 '목숨 그 자체' 즉 '생존'의 문제가 되었습니다.

이는 2000년대 이후 한국 사회에 자기계발서, 처세술, 재태크 지침서, 마케팅·리더십·성공학 담론이 성행하게 하는 배경이 되었습니다. 경쟁 시대에 개인의 생존과 이익을 가장 중요한 삶의 잣대로 여기는 것을 속물이라고 하는데, 우리 시대는 속물주의의 시대로 접어들었던 것입니다. 이는 몰염치와 뻔뻔함과 당당함, 치부와 성공과 장수, 웰빙을 위해 수단을 가리지 않는 삶을 당연하게 여기는 사회입니다. 그리고 경쟁적이고, 냉소적인 현실 속에 개인이 취하는 마음의 태도는 '움츠러들기', '나르시시즘과 자기만족', '두려움 속의 강박', '자기착취' 등, 내면에 머물러서 나오지 않는 사회가 된 것입니다.

이제 진보이든 보수이든 시민들의 목표는 '잘 먹고, 잘 사는 것'이 되었습니다. 'IMF 외환 위기' 이후에는 어떻게든 '살아남는 것'으로 바뀌었습니다. 그런 과정에서 시민들이 집단적이고 공동체적으로 문화를

싹틔울 여지는 없어졌고, 사회적 약자와 공동체를 보살피는 공동선의
가치는 설 자리를 잃었습니다.


## 불평등의 세습, 끊어진 기회의 사다리

경제적인 생존이 가장 확실하게 보장되는 방법은 한국 사회에서는
'학벌'이었습니다. 너나 할 것 없이 학생들은 입시를 위한 사교육 열풍
에 빠져들었고, 정부에서는 이를 잡아보기 위해서 노력하였지만 그럴
때마다 번번이 새롭고 창의적인 '사교육'이 등장했습니다. 복잡할 대로
복잡해진 입시 환경에서 가장 유리한 것은 바로 정보를 많이 가질 수 있
는 기득권층이었고, 기득권은 바로 자신들의 지위를 세습하기 위한 수
단으로 학벌을 소유했습니다.

서울대학교 입학생들의 70% 이상이 강남 3구에서 나오는 것은 바로
그러한 배경이 있었기 때문입니다. 그 과정에서 사회 변화를 외쳤던 사
회개혁가들조차 예외는 아니었습니다. 사회 정의를 통해 개인의 안전
과 자유를 추구하지 못하고, 부정의한 사회 속에서 개인이 안전할 수 있
는 길을 찾고자 하는 비겁한 태세 전환이 이뤄졌습니다. 경제 구조조정
이 되던 시기, 대다수의 희생으로 한정된 자원을 나눠 가진 한국 사회는
소수에게만 혜택의 기회를 돌렸고, 그 소수는 다시 학벌을 통해서 자식
에게 세습하는 형태가 되었습니다. 이것이 한국 사회에 전반적으로 불
평등이 심화되는 이유이고, 불공정해지는 분명한 근거입니다

## 정의를 향한 지성, 쓸모 있는 인문주의의 시대를 열자

태어난 집안의 배경을 대물림하는 교육 불평등의 시대, 대학에서도 공동선의 가치를 가르치지 못하는 시대에 어디에서 우리는 공동선의 가치를 새롭게 논할 수 있을 것인가요. 그러나 엄동설한 속에서도 교육의 참 의미와 시대적 정의를 가슴에 품었던 시절이 있었습니다. 바로 일제강점기 조국의 독립을 꿈꾸며 만주에 세워진 신흥무관학교가 그랬습니다. 무관학교는 독립군을 양성하는 곳이었지만, 단순히 군사기술만이 아니라 역사와 세계 정세를 공부했습니다. 무엇보다 이들의 가슴에는 왜 독립을 해야 하는지에 대한 이해가 투철했습니다. 단순히 눈앞에 보이는 일본이라는 적을 물리치는 것을 넘어서 이들은 그다음에 독립한 조국이 어떤 모습이어야 하는 것인지에 대해서 꿈꾸었습니다. 단순한 민족주의를 넘어 국제주의와 사해동포주의를 주창했으며, 동아시아 평화공동체와 세계 평화공동체를 구상했던 것입니다.

> 특정 공화국의 시민인 우리가 인문주의라는 것을 이해한다는 말은 모든 계급과 환경에 열려 있는 것으로 이해한다는 뜻이며 또한 끊임없이 상기와 발견, 자기비판, 해방의 과정으로 그 인문학을 이해한다는 뜻일 겁니다. 그래서 인문주의의 실천과 시민참여의 실천 사이에는 모순이라고는 존재할 수 없습니다.
> – 에드워드 사이드, 『저항의 인문학』, 42쪽, 마티

지금 우리가 하고 싶은 것은 끊임없는 자기비판을 통한 새로운 가능

아프가니스탄 전쟁 속 교실 모습

성을 찾는 인문주의의 실천입니다. 우리 시대의 구조적 모순을 제대로 직시하고 이를 근본적으로 변혁하기 위한 목소리를 내는 것입니다. 불평등하고 불공정한 시대에 자기 이익과 특권을 챙기려는 기성세대의 가치관을 끝내는 새로운 윤리적 세대가 되는 일입니다. 정의로운 교육, 약자와 소외된 이들을 감싸고 보호하는 사회 시스템을 만들어 갈 지성을 반드시 길러내야 할 때입니다.

## 다음 세대에 물려줘야 하는 것, 공동선

간디가 말했던 선한 사람과 체 게바라가 말했던 혁명적인 사람이 되는 것, 그것이 인류의 역사라는 아버지에게 우리가 배울 일입니다. 오늘날을 살아가는 청년으로서, 인문주의의 실천과 시민으로서 참여 사이에 모순이 없는, 나의 좋음이 세계의 옳음에 가닿는 시민의 삶을 기어이 살아내야 합니다. 아직 늦지 않았습니다. 우리는 우리의 삶이 우리가 어떻게 생각하고, 또 어떤 활동에 참여하는지에 따라서 충분히 바뀔 수 있음을 깨달아야 합니다. 역사적으로 그렇게 변화해왔기 때문입니다. 교육을 비롯한 우리 사회의 전반적인 불평등을 줄이고, 공동선의 가치를 회복하는 일은 우리가 당장 혹독한 현실 속에서 잊고 있었을 뿐이지, 얼마든지 가능합니다. 우리 삶의 위기는 돈을 벌지 않는 것에서 찾아오지 않습니다. 인간이기를 포기할 때, 공동선을 포기할 때 찾아오는 것입니다. 기성세대가 그 다음 세대에게 물려줘야 하는 것은 자신의 사회적·경제적 지위가 아니라, 자신이 어떤 지위에 있건 이 나라에 살고 있다면 충분히 행복하게 살 수 있다고 느끼는 공동선이 실현되는 사회입니다. 우리가 목소리를 내어 정치적 삶에 뛰어들어야 하는 이유는 바로 인간답게, 존엄하게, 공동선을 향해 살고자 하는 욕망 때문입니다.

# 3

# 왜 우리는 교육 불평등을 감수하는가?

교육 불평등을 넘어 모두가 행복한 교육으로

국제구호단체 옥스팜에서는 2019년 보고서에서 전 세계 인구 중 34억 명이 절대 빈곤선인 하루 5.5달러 이하로 생활을 하고 있으며, 최고 부자 26명이 세계 인구 절반에 해당하는 38억 명과 동일한 자산을 가지고 있다는 연구 결과를 발표하였습니다. 나라에 따라 차이는 있지만, 세계적으로 불평등은 날이 갈수록 심해지고 있습니다.

그런데 불평등은 다만 경제적인 문제에 국한되진 않으며, 정치·사회·문화 전반에 걸쳐 나타나고 있는 문제입니다. 인종, 성별과 성적 지향, 나이, 지역, 학력, 직업 등 다양한 분야에서 불평등이 발생하지요. 불평등은 사회 통합을 해치며, 사회 구성원의 상대적 박탈감을 심화시킵니다. 불평등이 클수록 이를 제대로 관리하지 못하면, 그에 따른 스트레스도 훨씬 커집니다.

한국에서 가장 심각한 불평등의 문제 중 하나는 교육 불평등입니다.

근대 사회 이후 한 개인이 사회 속에서 공적인 삶을 살아가는 데 필요한 삶의 기술을 배우는 것이 공교육의 역할이었습니다. 한국은 모든 사람에게 공정하고 균등한 교육의 기회를 제공하는 것에 성공하는 것처럼 보였으나, 이내 교육은 부모의 부를 대물림하는 수단이 되었고, 아이들은 어릴 적부터 사교육의 굴레 속으로 들어갔습니다. 한국 학생들의 방과 후 학습시간의 경우, 수학 과목 주당 학습시간은 6.5시간으로 OECD 평균 3.8시간의 두 배에 가까우며, OECD 국가들 중 두 번째입니다. 방과 후 외국어 과목 학습시간은 주당 5.1시간으로 OECD 국가 가운데에서 1위입니다. 사교육에 대한 의존도도 물론 세계 1위입니다. 교육을 통해 더 나은 인간이 될 수 있다는 희망은 저버린 지 오래입니다.

교육 문제에 대한 시민들의 불만이 커지니 정부는 정시확대니, 특목고·자사고를 폐지한다는 등의 여러 정책을 내어놓았습니다. 하지만 아이들의 생기를 잃게 하는 교육의 현실에서 표면적 현상을 바꾸는 정도의 변화로는 결코 위기에 대처할 수 없습니다. 오히려 지금 나오는 대책들은 낭떠러지를 향해 달리고 있는 기차 안에서, 이것을 막아보겠다고 한 사람은 앞쪽으로 다른 한 사람은 뒤쪽으로 달리는 것만 같은 형국입니다. 근본적인 해결을 위해서는 기차를 먼저 정지시켜야 하는 것이 아닐까요?

지금 우리의 교육 불평등이 얼마나 심각한 상황에 있는지를 들여다보아야 합니다. 그리고 왜 우리는 어느샌가 그런 불평등을 감수하고 있는지도 생각해야 합니다. 나아가 실천적 변화를 위해서 우리는 무엇을 해야 할지를 토론해야 합니다. 우리를 옥죄고 있는 거짓 믿음의 고리를 끊고 새로운 삶의 방식을 선택하기 위한 길을 모색해야 합니다. 이제 지

·· 2장. 공부는 세상을 향해 던지는 질문이다

금 우리 눈앞에 있는 문제를 회피하지 말고, 불가능한 시대에 희망을 찾아 떠날 시간입니다.


## 낭떠러지를 향해 달리는 폭주기관차와 같은 우리 교육

· 김유비(18세) ·

저는 특히 수능에 대해 이야기를 하고 싶습니다. 수능 전날 수험표를 받으러 간 한 중학교 강당에서 수험생들이 하는 말을 들었습니다. 수능을 "12년 동안 준비"했으며, 마침내 "12년 공부의 결실"을 얻는 날이라는 식의 대화였지요. 제가 수능을 마칠 때까지 비슷한 대화들을 종종 들었습니다. 그럴 때마다 저는 속으로 '아니 어떻게 초등학교 1학년 때부터 수능을 준비한다고 말할 수 있는 거지?'라는 생각을 했습니다. 공교육 12년의 최종 목적지처럼 여겨지는 수능. 수능이 과연 배움의 목적이라고 말할 수 있을까요? 우리가 학교에 다니는 이유는 무엇일까요? 진정한 배움은 어떻게 가능할까요? 시험을 위해 달려가고 있는 교육은 이대로 괜찮을까요?


· 심예지(18세) ·

현 정부와 교육부가 적극적으로 발맞추어 개혁을 시도한 것이 '특목고와 자사고를 폐지하고 정시의 비중을 확대'하는 것입니다. 이를 통해 특혜를 줄이고 보다 공정한 교육을 받을 수 있는 환경을 만들겠다는 취지에 일정 부분 공감합니다. 하지만 이 대책을 통해서 우리나라 교육의 본질적

인파로 가득 찬 사설학원 입시설명회

인 문제가 해결되고, 모든 청소년에게 평등하고 정의로운 교육이 실현되리라 생각하기는 어렵습니다.

우리 사회에서 소외되거나 가난한 사람들에겐 수시 · 정시 논쟁이나 어떤 고등학교에 다니고 있느냐는 중요하지 않습니다. 아니, 애초에 한국에서 이 문제에 대해 지대한 관심을 가질 수 있는 이들은 대부분 성적순으로 상위 10%에 속하는 아이들입니다. 그런데 학교에는 이 10%의 학생들밖에 없나요? 그렇지 않습니다. 오히려 우리 정부와 교육이 더욱 신경을 써야 하는 것은 교육 정책으로 나머지 90%의 학생들에게도 혜택이 돌아가느냐는 점입니다.

제가 생각할 때 지금 우리 교육에서 필요한 것은 부분적이고 표면적인 개혁이 아니라 교육 그 자체에 대한 전면적인 개혁입니다. 폭주기관차처럼 맹목적으로 달려가고 있는 교육을 멈춰야 합니다. 기차의 승객인 우리학생들이 나서서 큰 목소리를 내어 불평등한 교육 제도를 변화시켜야 합니다. 그러나 우리 사회는 학생들이 교육의 변화를 논하는 것에 대한 시선이 매우 안 좋습니다. 이미 교육 불평등이 다방면에 걸쳐서 뿌리 깊게진행되었을 뿐만 아니라, 우리조차도 그런 불평등을 당연하게 받아들이고 있기 때문입니다.

## 학교 안에서 발생하는 교육 불평등

· 최은수(18세) ·

두말할 것도 없이 학교에서 공부를 잘하는 학생들은 많은 것을 보장받습니다. 정독실과 같은 더 나은 환경, 더 많은 활동과 수상기록과 같은 것들 말입니다. 그리고 성적이 잘 나온 학생들은 이를 이유로 주어진 혜택을 당연한 것으로 여깁니다. 우리의 교육은 소수의 능력을 잘 보살피고다듬고 뒷받침해주고 보상을 제공하는 것이 모두를 위한 최선의 길이라고 믿게 만드는 데 성공했습니다. 예전부터 그래왔고 그것이 가장 효율적이라고 믿기 때문에, 여기서 벗어나면 배제될까봐 두렵기 때문에 우리는교육 불평등을 감수하게 됩니다. 학교에서부터 시작한 교육 불평등과 이를 당연하게 여기는 문화는 우리 사회 전체로 번져나갔습니다. 이제 사람들은 이것이 문제인지조차 모르게 되었습니다.

대한민국 학교에는 패자부활전이 없습니다. 우리 교육에서는 개인의 의지와 공부를 계속할 수 있게 하는 집안 환경 등의 조건이 갖춰진 몇몇 만이 입시라는 거대하고 오랜 마라톤에서 살아남을 수 있습니다. 대대수의 많은 이들은 그 마라톤에서 여러 가지 이유로 넘어지거나 지쳐 나가떨어집니다. 하지만 학교는 낙오자에게 절대 다른 기회와 가능성을 제공하지 않습니다. 옆사람이 낙오하는 것을 보며 같이 참가한 경쟁자는 자신이 낙오자가 아니라는 사실에 안도합니다. 선생님들은 낙오자들에게서 눈을 떼고 포기합니다.

학교에서 친구의 멘토링을 한 적이 있습니다. 어떻게든 제 친구의 성적을 끌어올리는 걸 도와주고 싶었습니다. 하지만 제가 도움을 줄 수 있는 것에도 한계가 있었는데요. 이미 패배가 익숙한 그 친구는 자신의 처지를 체념한 채, 그저 시간이 흘러가기를 바랄 뿐이었습니다. 학교에서 패배를 겪은 학생들은 '나는 안 되겠어. 나는 이미 늦었어'라는 마음의 벽을 만드는 것 같아서 너무나 안타깝습니다. 이들은 새로운 기회가 주어져도 자신에게 기대를 걸지 않기 때문에 그 자리에 머물기만 하고 불평등을 수긍합니다. 저는 이 모습이 교육 불평등의 가장 심각한 문제라고 생각합니다. 교육 불평등을 해결할 첫 단추는 패자에게 다시 도전할 기회를 주는 것, 제도적으로 얼마든지 실패하더라도 다시 일어날 수 있는 장치를 마련해서 희망을 여는 것입니다. 실패한 뒤에 또다시 언제라도 도전할 수 있도록 희망과 자신감이 필요하다고 생각합니다

# 부모의 사회 경제적 지위를 세습하는 교육 불평등

## · 이가은(18세) ·

우리 사회의 교육이 점점 입시와 개인의 사교육 위주로 흘러가고 있습니다. 이는 무척 심각한 문제입니다. 한 사회 내에서 교육의 책임을 오로지 한 사람, 혹은 그 집안이 떠맡게 되는 위험을 지는 것이기 때문입니다. 교육은 공공의 영역으로 국가와 사회가 책임을 져야 합니다. 그러나 지금 우리 교육은 야금야금 사교육 시장이 점령하기 시작하더니, 마침내 거의 전체를 차지한 상태가 되었습니다. 결국 가난하고 소외된 이들은 교육에서마저 보호받지 못하고 더 위험하고 억울한 처지로 내몰리고 있습니다.

## · 김유비(18세) ·

제가 생각할 때 우리가 처한 교육 불평등의 가장 심각한 문제는 가진 자에게 유리한 방식으로 교육이 소비되고 있다는 점입니다. 교육에서 성공한 소비자들은 많은 돈과 시간을 투자합니다. 이런 사교육은 시험 위주의 교육이 수십 년간 축적해온 자료를 분석하여 학생들을 효율적인 시험 기계로 만드는 데 성공합니다. 사교육을 소비하면 할수록 시험에서 좋은 결과가 나타나는 것입니다. 반면 그런 사교육을 소비할 수 없는 경제적·사회적 약자들은 이미 시작부터 실패한 소비자가 되어 열등감을 느낍니다. 성공한 소비자 집안에 비해 성적에서 밀릴 수밖에 없습니다. 이런 양상이 지속될수록 점점 더 불평등해지고 악화된 상황을 초래합니다. 어떻게 하면 이것을 바꿀 수 있을까요? 우리의 시험이 바뀌거나 성적 체계가 없어지는 등 아주 큰 변화가 필요하다고 생각합니다. 불가능하다고 말할

지도 모르는 특단의 대책이 필요한 것이 아닐까요?

지금까지 우리는 별다른 생각 없이 무심결에 사회적 불평등에 굴복해 왔습니다. 변화가 없다면 앞으로도 우리의 습관에 기인한 집단적 빈곤이 계속 이어지게 될 것입니다. 자본주의적이고 개인주의화된 우리 사회에서는 불평등과 그 결과들에 대한 저항이 어렵습니다. 저항하기보다는 체념한 채 굴복하거나 자발적으로 협력하는 길을 시도하게 됩니다. 경쟁의 희생자들이, 도리어 경쟁이 초래한 사회적 불평등을 책임져야 할 사람들로부터 공공연히 비난받습니다. 그리고 불평등이 부당하다고 느끼는 감정은 평등의 확대를 위해 쓰이는 대신 '내가 공부를 열심히 하지 않아서 그렇지'라는 자기 책임으로 흡수되는 것입니다. 교육에서 승리한 자들의 유리한 거짓말을 자연스럽게 수용하며, 불평등이라는 것을 알고 있지만 이를 그냥 넘기게 됩니다.

· 최은수(18세) ·

우리 사회는 지독한 교육 불평등을 앓고 있습니다. 불평등이 우리 사회의 문제로 끊임없이 대두되었는데도 시간이 지날수록 점점 더 이 불평등이 심해지는 이유는 이미 우리가 그 불평등에 익숙해졌기 때문입니다. 우리는 "원래 그런 거야", "네가 바꾸려고 해도 바뀌는 건 없을 거야" 같은 말을 들으며 불평등에 순응하고 체념하게 됩니다. 바꾸려고 하는 사람에게는 이상하다고 낙인을 찍거나 배제해버립니다. 이는 교육 불평등뿐만 아니라, 여러 가지 사회 부정의에 적용되곤 합니다. 정해진 길을 따라가는 사람들만 인정해주고, 그 길이 설령 이상하게 느껴질지라도 포기하게 만들고, 이전부터 그래왔다고 합리화합니다. 그리고 자신이 조금이나마 얻게 된 것에 만족하고 빼앗기지 않으려 애씁니다. 이를 어떻게 개선할 수 있을까요?


## 교육 불평등을 넘어서

· 김세영(18세) ·

사교육이 큰 비중을 차지하는 우리 사회의 교육 불평등은 결국 부를 대물림하는 형태로 드러납니다. 교육에서 실패한 이들은 자기만이 아니라 자신의 후손에게도 가난을 물려줄 수밖에 없는 상황에 처하기 쉽습니다. 부모의 학력이 높을수록 자식의 학력이 높고, 부모가 가난할수록 자식도 하루하루를 근근이 사는 상황이 벌어지고 있습니다. 이런 상황을 개인의 노력으로 극복할 수 있을까요? 개인에게 노력을 통해 극복하라고 말하는 것은 누구에게 유리한 결과를 만드는 것일까요? 이미 우리 교육은 동등한 교육의 기회를 제공하는 데 실패하고 있습니다. 이를 개인의 노력이 부족한 것으로 단정 짓고 손가락질하는 사회에서 우리는 어떻게 교육의 불평등을 해소할 수 있을까요? 저는 소수가 정보와 기회를 독차지하고 경쟁을 부추기는 학교에서 다른 경쟁자를 무너뜨리고 쟁취하는 것이 아닌, 지식을 공유하고 서로를 돕는 협력의 활동이 적극적으로 활성화되어야 한다고 생각합니다.


· 배윤서(17세) ·

특목고와 자사고를 폐지하는 정책을 실시한다고 해서 교육에서 평등이 실현되진 않을 것입니다. 일부 학교가 폐지된다고 해서 대학 서열이 없어지는 것은 아닙니다. 그렇다면 대학의 서열이 사라지면 해결될까요? 실현 여부는 뒤로하고라도 이미 만연한 사회 · 경제적 불평등 속에서 얼마나 효과가 있을지는 알 수 없습니다.

교육 제도의 변화뿐만 아니라 사회 전반적인 개혁이 함께 필요한 이유입니다. 지금 이대로 불평등이 계속되면 1등만 살아남는 경쟁 시스템 속에서 승자는 승자대로 오만해지고, 패자는 패자대로 절망하는 끔찍한 일들이 현실에서 나타나게 될 것입니다. 점차 우리 사회는 분열되고 이기적인 사회가 될 것이고 서로를 도와주는 따뜻한 모습은 더 볼 수 없게 되겠죠.

최소한 이 문제를 해결하기 위해서는 불평등으로 인해 피해를 받은 학생들이 목소리를 크게 내야 합니다. 불만을 넘어서 적극적인 대안과 새로운 비전을 제시할 수 있어야 합니다. 학생들의 목소리라고 무시하는 분위기 또한 극복해야 합니다. 교육의 주체가 우리라면 교육이 나아가야 하는 방향도 우리가 제시할 수 있어야 합니다. '나' 혼자가 아니라 '우리'가 살기 좋은 사회를 꿈꾸고, 그러한 방향으로 교육을 바꾸어 나가야 합니다.


## 모두가 행복한 교육을 위한 사회적 상상력

· 이수겸(18세) ·

교육 불평등이 초래할 가장 심각한 문제는 불평등한 시스템 속에서 소수의 승리자 외에 나머지 사람들은 갈 곳이 없다는 것입니다. 학교만 봐도 공부를 하거나 안 하는 아이들로 나뉘어 있습니다. 제일 큰 문제는, 수업할 때 선생님들이 모든 학생을 위해서 한다기보다는 소수의 상위권 학생들의 대학교 진학을 위해, 제대로 된 수업 진행을 하기보다 더 어려운 문제를 출제하여 전교생 중 4%를 제외하고 나머지 학생들의 성적을 비슷하게 만드는 것입니다.

학교의 입장에서는 수업할 때 낙오자가 생기는 문제는 상관이 없어 보입니다. 이러한 문제는 나머지 학생들이 가야 할 길을 제시하지 못하고 도와주지 않습니다. 우리는 학교가 무엇인지 다시 물어야 합니다. 우리 교육이 나아가야 하는 방향이 어떤 것인지에 대해서 새로운 꿈을 꿔야 합니다. 많은 학생이 학교에 가지만 제대로 학교에 다니는 학생들은 거의 없습니다. 이 사실을 인지한다면, 진정한 의미 있는 교육에 대한 탐색과 도전이 절실히 필요한 때입니다.

· 이연경(18세) ·

우리나라 교육은 무조건 좋은 대학 가서 좋은 직업을 얻어서 돈을 많이 버는 것이 목적입니다. 이 교육의 목적이 바뀌면 좋겠습니다. 무조건 좋은 성적을 우선으로 여기고, 돈을 많이 버는 직업을 선호하는 것은 잘못되었습니다. 저는 직업에 대한 편견을 바꾸어야 한다고 생각합니다. 변호사나 의사, 판사 같은 직업뿐만 아니라, 우리 생활에 꼭 필요하고 중요한 농부나 어부, 청소부, 예술가와 미용사처럼 사라지면 안 될 직업들에 대한 인식이 바뀌어야 합니다. 더 나아가 자신의 능력과 일을 하는 과정과 노력에 맞게 사회와 국가, 국민들이 인정해줄 필요가 있습니다. 그렇게 되면 자신에게 맞는 직업을 선택해 사회와 국가에 도움이 될 수 있도록 노력할 것입니다. 이렇게 서로를 경쟁 상대로 여기지 않고, 자신에게 맞는, 직업이나 역할을 목적으로 삼아야 합니다. 그렇게 되면 이 세상을 더 발전시킬 수 있으며 우리 모두가 행복한 세상을 만들 수 있습니다.

· 최은수(18세) ·

사회적 상상력은 어떤 사람에 대해 그 사람이 어떤 삶을 살아왔을지 생각하고 고민하고 상상하는 것입니다. 나와는 다른 환경에서 살아왔을 이 사람이 어떤 이유로 이렇게 행동하고 말하는지 상상하고, 인간애를 가지고 타인의 삶에 대해 상상하는 능력입니다. 저는 우리 교육과 사회에 그러한 사회적 상상력이 풍부하게 필요하다고 생각합니다. 교육 불평등은 잘못되었습니다. 이를 인지하고 더 나은 사회적 상상력을 발휘하는 것이 필요합니다. 성적을 잘 받는 이가 아니라 윤리적인 시민으로 성장하는 것이 중요합니다. 타인에게 공감하고 그 삶에 대해 알고자 하는 노력이 있어야 하고, 그런 식으로 타인을 이해하고자 하는 일이 곧 타인에 대한 사랑으로 이어집니다.

## 새로운 교육을 위한 새로운 시도

교사가 학생들에게 전수해야 할 교육 내용과 가장 거리가 먼 것이 바로 '더 많은 정보'다. 정보는 이미 학생들에게 차고 넘친다. 그보다 더 필요한 것은 정보를 이해하는 능력이고, 중요한 것과 중요하지 않은 것의 차이를 식별하는 능력이며, 무엇보다 수많은 정보 조각들을 조합해서 세상에 관한 큰 그림을 그릴 수 있는 능력이다.

　사실, 이런 능력은 수 세기 동안 서구의 자유주의 교육이 추구해온 이상이기도 했다. 하지만 지금까지는 서양의 많은 학교조차 그런 이상을 추구하는데 오히려 태만했다. 학생들에게는 '스스로 생각하라'고 권장하면서 정작교사 자신들은 아무렇지도 않게 데이터를 밀어 넣는 데만 집중했다.

－ 유발 하라리, 『21세기를 위한 21가지 제언』, 391쪽, 김영사

　역사학자 유발 하라리는 고도로 분화되고 다양화된 사회, 모든 것이 빠르게 변화하는 이 시대에서 더 이상 과거에 하던 방식으로의 교육은 답이 아니라고 말합니다. 미래 세대가 준비해야 하는 것은 변화하는 세계에 대한 '뛰어난 지적 적응력과 충분한 감정적 균형감각'을 갖추는 것이며, 이것을 가능하게 하는 교육이 필요하다는 것이지요. 거시적인 관점에서 세상을 바라보고, 새로운 것들을 배우고, 끊임없는 혁신이 필요한 것입니다. 교육 불평등의 해소는 이렇게 새롭게 변화하는 시대에 맞는 교육을 설계하는 과정과 함께 진행되어야 합니다.

　세계에 대한 책임을 스스로에게 돌리는 것은 두말할 나위 없이 비합리적인 행위이다. 그럼에도, 결정에 대한 책임과 그 결과에 대한 책임을 모두 감수하면서까지 세계에 대한 책임을 받아들이기로 마음먹는 것이야말로 세계의 논리가 초래한 맹목으로부터, 타자와 자신을 죽음으로 몰아넣는 그 결과로부터 세계의 논리를 구원할 마지막 기회다.

－ 지그문트 바우만, 『왜 우리는 불평등을 감수하는가』, 132쪽, 동녘

지금 우리는 우리의 모습을 제대로 바라보고, 진단해야 합니다. 극도로 심각한 교육의 불평등, 그리고 미래에 대처하지 못하는 교육은 이미 우리가 서 있는 곳이 파국임을 말하고 있습니다. 지금 한국의 교육은 우리 모두를 죽음으로 몰아넣는 절체절명의 위기에 처해 있습니다. 더 중요한 것은 변화를 위해 행동하는 것입니다. 이토록 맹목적으로 현재의 교육을 고집하는 세계에서도 변화의 가능성과 희망을 선택하는 이들이 있습니다. 새로운 시도가 필요한 시기입니다. 비록 실패하더라도, 비록 의미 있는 경험에 그치더라도 우리에겐 새로운 교육을 위한 새로운 시도와 실천이 필요하며, 그것이 분출하는 세상 속에서만이 어렴풋한 희망의 미래는 서서히 그 모습을 드러낼 것입니다.

# 4

## 삶에서 가장 중요한 것을
## 가르치지 않는다면
## 우리는 왜 학교에 가야 하나요?

인간이라는 한 종 때문에 기후 변화가 심각해지고 있는데도, 왜 라디오나 신문에서는 이를 가장 중요하게 다루지 않나요? 화석연료가 그렇게 우리의 존재를 위협할 만큼 심각하면서 왜 사용을 규제하지 않나요? 우리에게 미래가 없다면 우리는 학교에 왜 가야 하나요? 기후 문제와 같은 더 중요한 문제를 다루지 않는다면 더 배울 필요가 있나요?

– 그레타 툰베리

그레타 툰베리는 기후 위기 해결을 위해 등교 거부 운동을 시작한 스웨덴 소녀입니다. 그레타는 여덟 살 때 학교에서 해양오염에 관한 영상을 보았고, 인간이 버린 쓰레기로 지구가 겪고 있는 끔찍한 고통에 충격을 받았습니다. 그런데 이런 지구 환경의 위기를 위기로 생각하지 않고 아무런 변화도 없는 사람들의 모습에 더 큰 문제의식을 느끼게 되면서,

그레타 툰베리

지구 환경과 기후 등 자신의 관심 분야에 대해서만 말을 하는 아스퍼거 증후군이라는 병까지 얻었습니다. 세상의 고통을 자신의 온몸으로 느끼던 그레타는 마침내, 이를 외면하지 않고 정면으로 맞서기로 결심합니다. 2018년 8월 20일, 스웨덴 스톡홀름 의회 건물 앞에 나와 1인 시위를 시작했습니다. 전 세계 수천만 명의 청소년이 이에 공감하여 '미래를 위한 금요일'이라는 이름으로 그레타와 함께하고 있습니다.

그레타 툰베리와 미래를 위한 금요일에 동참하는 청소년은 훌륭한 시민입니다. 나의 좋음이 세계의 옳음에 가닿기를 바라기 때문이고, 그 바람을 실현하기 위해 민주적이면서도 강력한 방식을 선택하고 있기 때문입니다. 그레타와 청소년들은 이 문제의 해결책은 기성세대가 법을 만들고 그것을 지키는 데 있다며, 지구가 겪고 있는 고통에 책임이 있는 기업과 정부가 지금 당장 할 일을 하라고 말합니다. 병든 세상을 보고 처음 느낀 처참한 고통을 외면하지 않고 기성의 권력이 책임을 지도록 요청하는, 그리고 그것을 위해 험난한 길을 마다하지 않는 모습이 바리와 닮았습니다. 이들 모두는 세상의 아픔을 외면하지 않는 새로운 윤리적 세대입니다.

툰베리의 "우리에게 미래가 없다면 우리는 학교에 왜 가야 하나요?", "기후 문제와 같은 더 중요한 문제를 다루지 않는다면 더 배울 필요가 있나요?"라는 질문에 우리도 답해야 합니다. 만약 이렇게 거대한 움직임이 만들어지고 있음에도 불구하고 몰랐다면, 우리가 함께 마음을 움직일 기회조차 갖지 못했다면 왜 그런지에 대해서도 함께 고민해봅시다.

## 우리가 세계에서 일어난 일에 무관심했던 이유

· 이가은(18세) ·

우리의 미래는 무언가 기대할 여지가 있나요? 우리들은 오로지 공부만을 강요받고, 자신이 하고 싶은 일이 있더라도 지내면서 잃어버리는 일이 허다합니다. 대학에 입학해도 마찬가지예요. 학점 관리와 스펙 쌓기에 취업 준비, 어렵사리 취직하면 이제 또 조직 생활을 끙끙대며 견뎌냅니다.

저는 우리가 진정으로 미래를 꿈꾸고 있다고 생각하지 않습니다. 이런 현재를 견딜 수 없다는 것은 누구보다도 잘 알고 있지만, 아직 이 상황을 어떻게 극복할지, 어떤 방향으로 나아갈지는 잘 모릅니다. 이대로는 안 되지만 이 사회를 변화시킬 구체적인 청사진이 없는 거죠. 이런 판국이니,

'세계가 지금 이러한 어려운 상황에 처해 있다'라고 말해도 대다수 사람들의 반응은 '그래서 뭐 어쩌라고'입니다. 우리 사회에서 이런 문제가 발생했을 때 방관하고 침묵하며 거리로 나오지 않는 이유를 잘 들여다봐야 합니다.

우리가 세계 여러 곳의 소식을 잘 접하지 못하는 것도 지금 눈앞에 보이는 것에만 집중하기 때문입니다. 최근 몇 년 동안 몸으로 기후 변화가 느껴지고는 있지만, 아직 먼 미래의 일로 생각하는 것 같아요. 이제 정면으로 이 문제를 대할 때가 되었는데도요.

· 손수민(15세) ·

저는 청소년들이 사회 문제에 무관심한 이유가 사회가 학생들의 목소리를 잘 듣지 않기 때문이라고 생각합니다. 저는 하고 싶은 말이 많습니다. 우리 학교에 친구들과 말 한마디 나누지 않으며 지내는 친구가 있다는 사실도, 죽고 싶다는 말을 달고 사는 친구도 있고 매일 공부에 시달리며 우는 친구도 있다는 것을 말하고 싶습니다. 부모님께 혼나다가 눈 주위를 맞아서 눈이 퉁퉁 부은 친구도 있고, 선생님께 편애받는 학생, 선생님이 마땅하지 않은 이유로 싫어하는 학생도 있다고 말하고 싶어요. 사소하지만 사소하지 않은 일들이 빈번하게 일어나는 여기, 학교에 대해 어떻게 생각하냐고 어른들에게 묻고 싶습니다. 또, 왜 꼭 불편한 재질의 교복을 입어야 하는지, 급식은 왜 급식실에서 다 같이 먹어야 하는지, 왜 학원에서 이미 배웠다고 생각하는지, 왕따를 없애겠다면서 SNS 메시지방은 관리하지 않는지, 잘못한 것은 맞지만 눈감고 넘어가자는 말을 어떻게 그렇게 쉽게 하는지 묻고 싶습니다.

미래를 위한 금요일 시위

저는 아직 넓은 세상을 만나지 못했고 경험도 부족해서 물어보는 것밖에 하지 못합니다. 적어도 저보다 많은 것을 알고 능력도 있는 어른들께서 제 질문에 대답해주시면 좋겠습니다. 지구가 얼마나 큰지 알려주는 과학 시간도 필요하지만, 큰 지구에서 내가 무엇을 할 수 있을지 생각하는 시간도 필요합니다. 야구 티볼을 배우는 체육 시간도 필요하지만, 인생의 변화구를 던질 중요한 사건이 무엇인지 알아가는 시간도 필요합니다. 그렇게 서로 말하고, 듣고, 소통하는 시간이 많아진다면, 우리 스스로의 잠재능력을 믿고 더 나은 세상을 위해 눈과 귀와 마음을 열 수 있게 되지 않을까요?

· 김숲(16세) ·

2018년, 엄청난 폭염이 전 세계를 강타했던 그해 여름을 떠올립니다.

양식장 물고기가 많이 죽어 나갔다는 뉴스, 일본에서는 살기 위해 에어컨을 틀라는 뉴스가 나왔다는 소식, 폭염으로 인해 많은 사람이 관련 질병에 걸려 병원에 왔다는 이야기가 들려왔을 정도로 그해 여름은 참 더웠는데요. 점점 뜨거워지는 지구에 우리의 책임이 무엇일지 친구들과 함께 토론하기도 하였습니다.

하지만 거기서 끝이었던 것일까요? 저는 비판만 한 채로 아무 일도 하지 않았습니다. 학교 친구들에게 세계의 기후 변화가 심각해지고 있다고 말하면, 아이들은 제대로 듣지도 않고 피하려고 하였습니다. 다른 이야기를 꺼내면서, 이런 게 훨씬 재미있지 않냐고, 그런 건 너만 재밌는 이야기일 거라며 말이에요. 저라고 크게 다르지 않았습니다. 저도 딱 거기까지만 했으니까요. 문제가 점점 심각해져 누군가는 죽기도 하는데, 저는 학교에서 몸이 바들바들 떨릴 정도로 차가운 에어컨 바람을 쐽니다. 그리고 또다시 배웁니다. 그리고 비판합니다. 그리고 아무것도 변하지 않은 채 끝이 납니다.

자연에 어떤 변화가 일어나는지 아는 것만으로도 저 자신을 멋있다고 느꼈던 것 같습니다. 자연환경에 대한 글을 써서 상장을 받기만 하면, 이걸로 됐다고 생각했죠. 하지만 아니었습니다. 내가 행동해야 했고, 우리가 나서야 했던 문제였습니다. 지금까지 그저 "안타깝다", "불쌍하다", "화가 난다"에서 머무른 것이 우리의 잘못입니다. 학교에서 벌점 받을까봐, 내 신성적이 감점이 될까봐 저는 그레타 툰베리처럼 행동하지 못했고, 그리고 방관했습니다.

# 우리에게 미래가 없다면 우리는 학교에 왜 가야 하나요?

· 김보민(16세) ·

제 친구는 한 달에 자신의 학원비로만 200만 원가량이 쓰인다고 합니다. 반에서 1등을 하고 전교에서 4등을 했지만 200만 원 들인 보람이 없다고 부모님께 질책을 받았다고 해요. 어떤 친구들은 왕따 당하는 친구를 당연히 도울 생각을 하기보다, 시간이 없다며 무관심으로 일관합니다. 자기가 왕따를 당하지는 않을까 밤마다 고민하는 친구도 많습니다. 친구들은 얘기합니다. 학교가 지옥 같다고 말이지요. 네모로만 가득 찬 학교에선 도저히 숨을 쉴 틈이 없어 괴롭습니다. 도덕 교과를 배울 땐 분명 눈앞에서 일어나는 부정의한 일에 대응하기 위해 연대하고, 협동하라고 배우면서 시험과 수행평가에 휘말려 남 따위는 신경 쓸 수 없습니다.

분명히 잘못되었고, 고쳐야 합니다. 당장 변화가 없다면 곧 제가, 친구들이 시들어버릴 지경입니다. 어서 잘못을 인지하고, 지쳐가는 학교를 살려내는 것이, 우리가 해야 하는 일이라고 생각합니다. 그런데 우리는 그런 학교를 포기하지 못하고 있어요. 너무 어렵습니다.

· 이선우(16세) ·

저는 제가 하고 싶은 공부를 못하고 있는 것에 대해 가끔 화가 납니다. 『창가의 토토』를 읽어보면, 토토는 학교에서 하고 싶은 공부를 하며 수업을 합니다. 그 덕에 토토와 아이들은 열정 있게 수업을 할 수가 있죠. 하지만 우리 교실은 어떤가요? 누군가는 엎드려 자고, 누군가는 꾸벅 졸고, 또 누군가는 잠자코 선생님의 말씀을 듣습니다. 왜 그러냐고 물어본다면 이런 현상은 당연합니다. 우리가 선택한 시간이 아니니까요. 이미 짜인 시간표대로 수업하는데 흥미가 생길 리 있나요?

그레타 툰베리는 환경 문제에 큰 충격을 느끼고 학교를 나가지 않으며 1인 시위를 벌였습니다. 처음엔 혼자였지만 점차 많은 학생이 함께 시위에 참여했죠. 툰베리는 우리에게 "우리에게 미래가 없다면 우리는 학교에 왜 가야 하나요?"라고 질문하였습니다. 이 질문은 정말 많은 생각을 하게 합니다. 그러게요, 우리는 대체 왜 공부하는 걸까요?

우리는 왜 학교를 하루 안 가기만 하면 지구가 멸망할 것처럼 행동하는 걸까요? 사실 저도 두렵습니다. 학교를 하루 안 간다면 무단결석 처리될 것이고, 제가 원하는 고등학교에 들어가는 데에 지장을 줄 테니 말이죠. 하지만 우리는 다시 질문해야 합니다. 우리에게 정말 더 두려운 존재가 무엇인지, 우리가 단편적으로만 보고 있는 것은 아닌지 말입니다. 저는 학교에 안 가는 것이 정말 두려운 학생들을 위해 학교에서 이런 시위를 한번 시도해보고 싶습니다.

예를 들어 수학 시간이라고 칩시다. 종이 치고 수학 선생님이 들어 오시면 수학책을 펴지 않고 개인마다 하고 싶은 과목 혹은 책을 꺼내 드는 겁니다. 선생님께서 혼내기만 하실 거 같다고요? 그럴 수도 있지만 이 시위를 벌이고 난 뒤 "우리가 하고 싶은 공부는 다 달라요, 이거예요"라며 목소리를 낸다면 선생님께서도 한 번쯤은 그 장면을 떠올리실 겁니다. 재밌을 것 같지 않나요? 우리 학생들이 함께면 안 될 일은 없습니다. 저는 교실에서 조용히 선생님 말씀만 듣는 모습이 아니라 서로 열띠 토론을 해가며 배우고 싶습니다. 살아가면서 공부가 꼭 필요하다고 진심으로 느끼고 싶습니다. 강요받지 않고 저 스스로 느끼고 싶습니다. 이 목소리의 첫 주인공은 제 옆 친구가 될 수도, 제가 될 수도 있습니다. 비폭력은 폭력을 분명 이깁니다. '우리'는 강하니까요.


## 깨어 있는 시민이 되어 사회가 변할 수 있다는 희망을 가지자

· 심예지(18세) ·

저는 가장 변화가 필요한 분야가 교육이라고 생각합니다. 우리들은 교육에 불만이 정말 많습니다. 하지만 그 불만이 늘 입에서만 맴돈 후 문제 제기의 단계까지 가지 못합니다. 프랑스 학생들을 예로 들자면, 교육에 부당함을 느꼈을 때 즉시 수업을 거부하고 거리로 나와 시위를 하기도 합니다. 혼자가 아닌 여럿이 함께 말이죠. 여기서 '함께'라는 점이 꽤 중요한 지점입니다. 아무리 혼자서 목소리를 내보아도 여러 명의 목소리보다 더 강력한 호소력을 가지기는 힘듭니다. 그러므로 무언가를 요구하거나 외칠 때는 같은 생각을 가진 사람들을 모아서 큰 목소리를 내야 합니다.

그러나 현재 우리나라 학생들은 단합하여 함께 투쟁할 용기가 부족합니다. 학교의 징계나 어른들의 시선에 사로잡혀 자유롭게 자신의 의견을 내지 못하고 있습니다. 한편으로는 자신이 부당한 상황에 놓여 있는지조차 느끼지 못하는 이들도 있습니다. 자신이 언제 어떻게 분노해야 하는지를 모르면 자신의 권리를 제대로 누리거나 요구할 수 없습니다. 또한 공부를 잘하는 학생들은 교육의 문제점을 알면서도 방관하기 바쁩니다. 왜냐하면 이미 이 교육 체계에서 상위권을 차지하며 유리한 조건에 있기 때문입니다. 반면 공부를 못한다는 이유로 교육에 대한 목소리에 신뢰성이 없다며 묻히는 경우도 있습니다.

저는 제가 지금까지 말했던 것이 교육에만 해당한다고 생각하지 않습니다. 이 모든 것은 민주주의를 실현하는 일입니다. 저는 우리 사회가 민주주의 사회라면, 모든 구성원이 적극적으로 참여할 수 있다는 것을, 그래서 더 나은 사회로 나아갈 수 있다는 것을 온몸으로 알고 있어야 한다고 생각합니다.

· 임찬우(16세) ·

손 놓고 구경만 하다간 얼마 가지 않아 지구에 더 이상 사람이 살 수 없게 될지도 모른다고 수많은 연구 자료가 이미 보여주고 있습니다. 기후 변화를 방관하고, 플라스틱을 마음껏 쓰고, 쓰레기를 아무렇게나 버리는 행동을 그만두지 않는 것은 문제를 피부로 느끼지 못하기 때문이 아닐까요? 벌써 세계의 만년설은 녹아 없어지고 폭염은 매년 최고 기록을 경신하는데 대체 얼마나 자연이 더 파괴되어야 우리는 행동하기 시작할까요?

그레타 툰베리의 시위가 세계인의 지지를 받을 수 있었던 이유는 그녀의 정말 간절한 희망과 담대한 용기 때문이기도 하겠지만, 그 의견에 동의하고 함께 행동할 수 있는 깨어 있는 시민 사회가 있었기 때문이기도 합니다. 그러니 우리가 해야 할 행동은 당장 피켓을 들고 정부 앞에 서는 것이 아니라, 나는 어떤 사람이고자 하는가, 어떤 세계에서 살고 싶은가 고민하는 시민이 되는 것입니다.

## 1. 『1등에게 박수 치는 게 왜 놀랄 일일까?』

    우리가 행복해지기 위해서 어떻게 해야 하는지에 대해 사회학은 이렇게 답합니다. "지금 당장 청개구리가 되어라!" 고정 관념을 그대로 따르는 것이 아니라 잘못된 것을 잘못되었다고 말하는 청개구리 말입니다. 문제의 원인을 개인에게 있다고만 생각하지 않고 우리의 역사와 문화가 어떻게 현재와 연결되어 있는지를 고민하고 나아가 자신의 삶에 영향을 끼치는 정치에 대한 관심이 중학생에게도 필요하다는 '비판 의식 가득한' 청개구리 말입니다. 사는 대로 생각하지 않고 생각하며 사는 청개구리가 많아지고 이런 청개구리의 의견에 박수 치는 다른 청개구리가 늘어날 때 오늘보다 나아지는 내일이 우리를 기다릴 것입니다.

    – 오찬호, 『1등에게 박수 치는 게 왜 놀랄 일일까?』, 198쪽, 나무를심는사람들

"왜 초등학교에는 여자 선생님이 많을까?"

    혹시 이런 의문 가져본 적 있으신지요? 실제로 점점 초등학교에는 여자 선생님이 많아지고, 교장, 교감 선생님도 거의 대부분 여성입니다. 그러고 보니 그렇다고 느껴지거나, 궁금해본 적이 있지만 그에 대한 이유

를 분석한 경우는 많지 않을 것입니다. 초등학교에 여자 선생님이 많은 이유가 남녀차별의 증거라면 어떤 느낌이 드세요? 여성으로서 차별 없이 실력으로 진입하여 안정적인 승진이 가능한 유일한 직업군이 '초등학교 교사'이기 때문이라는 분석은 설득력 있고 또 사실이기도 합니다.

『1등에게 박수 치는 게 왜 놀랄 일일까?』 저자 오찬호 선생님은 개인에게 영향을 미치는 사회의 여러 모습에 의문을 던져보는 것이 '사회학'이라 말씀하십니다. 비판적인 시각을 통해 익숙하게 여겼던 것들 중 문제가 있거나 부정의한 것들을 고쳐나가는 것이 바로 좋은 삶이라고 말이지요.

1 · "중2병은 정말 나쁜 것일까?", "난민을 도와줘야 하는 이유는?" 등 책 속에는 평소에는 의식하지 못했지만, 꼭 생각해봐야 할 질문 40가지가 소개되어 있습니다. 책을 읽으며 정말 놀랍다고 느낀 질문 세 가지를 뽑아보고, 그 이유도 함께 설명해주세요. 또 그 질문에 대해 여러분의 생각도 표현해봅시다.

2 · 여러분이 41번째 질문을 만든다면, 어떤 질문을 하고 싶나요? 좋은 질문은 나 자신만이 아니라 세상을 바꾸기도 합니다. 세계은행 총재 김용이 했던 "이 세계에 대한 나의 책임은 무엇인가?"라는 질문이 그랬고, 기후 위기에 대처하기 위해 세계적인 등교 거부 운동을 이끈 그레타 툰베리가 던진 "우리에게 미래가 없다면 우리는 학교에 왜 가야 하나요?"라는 질문도 그랬습니다. 여러분도 우리 사회를 좀 더 정의롭게 만드는 질문을 생각해보고, 만들어보세요.

## 2. 『선량한 차별주의자』

차별을 둘러싼 긴장들은 '내가 차별을 하는 사람이 아니면 좋겠다'는 강렬한 욕망 혹은 희망을 깔고 있다. 정말 결정해야 하는 것은, 그럼에도 불구하고 세상의 불평등과 차별을 직시할 용기가 있느냐는 것이다. 차별에 민감하거나 둔감할 수 있는 자신의 위치를 인식하며, 너무나도 익숙한 어떤 발언, 행동, 제도가 차별인지도 모른다는 의심으로 세상을 볼 수 있는가? 내가 보지 못한 차별을 누군가 지적했을 때 방어하고 부인하기보다 겸허한 마음으로 경청하고 성찰할 수 있는가?

– 김지혜, 『선량한 차별주의자』, 188쪽, 창비

일상에서 많이 사용하는 언어들 중 나도 모르게 차별의 의미를 담고 있는 것들이 많습니다. 선택을 잘 하지 못하는 우유부단한 성격의 사람을 '결정장애'라고 부르거나, 이주민에게 "한국인이 다 되었네요"라는 말이 그렇습니다. 왜 이런 말이 차별의 언어냐구요? 장애라는 말을 모자라고 부족하다는 뜻을 전제하고 쓰기 때문이며, 한국인이 다 되었다는 말은 끝끝내 한국인으로 완전히 인정하지 않겠다는 뜻이기 때문입니다.

대부분의 인간은 악해지길 원하지 않습니다. 하지만 나의 선하고자 하는 마음과는 다르게 잘 몰라서, 알려고 하지 않아서 다른 사람에게 상처 주는 일이 많습니다. 선량한 마음만으로는 평등이 이루어지지 않음을, 선량한 차별주의자가 되지 않기 위해 익숙한 것을 너머 다른 세상을 상상해야 함을 알려주는 책입니다.

1 · 책을 읽으며 그동안 알지 못했던 나의 차별주의자적인 면모를 찾아 정리해보세요. 혹은 책의 내용을 근거로 내가 차별받았다는 사실을 발견한 부분도 좋습니다. 우리 주변에 얼마나 많은 차별이 있는지 책을 꼼꼼히 읽으며 정리해보세요.

2 · 책의 마지막에서 저자 김지혜 선생님은 그저 선한 마음으로 평등을 만들 수 없고, 적극적인 접근이 필요하다고 말씀하십니다. 여러분이 속한 공동체(가족, 학교, 학원, 지역 공동체 등)에 적용해야 한다고 생각하는 평등의 원칙이나 제도, 문화는 무엇인가요? 우리가 더 이상 선량한 차별주의자가 되지 않기 위해 지금 당장 필요한 것이 무엇인지 생각하여, 개인적으로 실천하거나 함께 도입하고 싶은 방법을 제안해봅시다.

## 3. 『오늘부터 나는 세계 시민입니다』

    세계 이슈를 알기만 해서는 오늘날 세계가 처한 위기를 나의 삶과 연결하기 어렵습니다. 그래서 이 책에서는 '인터넷을 사용할수록 난민이 발생한다고?', '경제 위기는 어떻게 내 일자리를 빼앗을까?', '물이 상품이 되면 세상은 어떻게 변할까?', '라면을 먹을수록 열대 우림이 사라진다면?'과 같이 나와 지역 사회, 세계를 연결하는 질문을 던지고 다양한 사례를 통해 지속가능한 발전 목표와 내 일상의 연결고리를 찾아갑니다. (…) 지속 가능한 세상을 만드는 일은 우리 공동의 미래를 가꾸는 일입니다. 세상을 지금보다 더 풍요롭고 정의롭게 변화시키는 일이자 나의 행복을 위한 일이기도 합니다. 세상의 모든 변화는 바로 나의 변화에서부터 시작됩니다. 내가 바뀌면 오늘이 바뀌고, 오늘이 바뀌면 내일이 바뀝니다. 나는 오늘부터 세계 시민입니다.

        – 공윤희·윤예림, 『오늘부터 나는 세계 시민입니다』, 7쪽, 창비교육

    오늘날 우리는 경제의 규모는 급격하게 커졌지만, 국내외의 경제적 양극화는 더욱 심해진 세계의 모습을 보고 있습니다. 무차별적인 개발과 편리성과 효율성만을 따지는 소비문화는 엄청난 양의 쓰레기를 양산하였습니다. 교통의 발달로 왕래는 편해졌지만, 전염병도 그와 함께 퍼져나갔습니다. 그리고 이제 이 세계가 겪고 있는 문제들은 한 개인이나 국가가 해결할 수 있는 수준이 아닙니다. 바야흐로 이런 문제들을 진정으로 해결하기 위해 노력하는 이들이 필요하며, 이처럼 세계의 문제를 자신의 문제로 여기는 이들을 '세계 시민'이라고 부릅니다.

1 · 지속가능한 세상을 고민하는 책에서는 각 챕터의 마지막에 '세계 시민 To Do List'를 제안하여, 한 사람 한 사람이 작으나마 세계 시민으로 역할을 다할 때 변화를 만들 수 있음을 말하고 있습니다. 17개 장 중 하나를 정하여, 그 장에서 소개된 'To Do List'를 직접 실천해봅시다. 또한, 여기에 소개된 방법 외에도 나만의 세계 시민 To Do List를 작성해봅시다.

2 · 책에는 세계 여성의 날(3/8), 참치의 날(5/2), 해양의 날(6/8), 평화의 날(9/21), 이주자의 날(12/18), 인간 연대의 날(12/20) 등 UN에서 정한 세계 기념일을 소개하고 있는데요. 여러분도 오늘날 세계가 직면한 문제와 내 삶이 어떻게 연결되어 있는지 생각해보고, 이 문제를 해결하기 위해서 기념일을 정한다면 어떤 날을 만들어야 할지 생각하여 'OO 기념일 지정 기획서'를 만들어봅시다.

## 4. 『세계인권선언』

> 모든 인류 구성원들에게는 태어날 때부터 가지는 존엄성과
>
> 누구에게도 양도할 수 없는 평등한 권리가 있으며,
>
> 그 존엄성과 권리가 인정될 때
>
> 세계의 자유와 정의 그리고 평화가 실현될 수 있는 바탕이 된다.
>
>          - ⟨세계인권선언⟩ 서문 중에서 1948년 12월 10일 유엔

이 책은 유엔이 공표한 ⟨세계인권선언⟩ 전문과 그 정신을 담은 다양한 역사의 목소리를 담고 있습니다. 수천만 인류를 공포로 몰아넣은 제2차 세계대전이 끝난 후, 유엔은 이제 참혹한 살육과 혼돈의 시간을 반복하지 않겠다는 다짐을 ⟨세계인권선언⟩에 담았습니다. 이는 "인류의 가장 아름다운 발명품"이라고도 불리지요. ⟨세계인권선언⟩이 없었더라면 지금 우리가 누리는 수많은 인간의 근본 권리들을 갖지 못했을 수도 있습니다.

하지만 여전히 세계 곳곳에는 인권의 탄압과 유린이 자행되고 있습니다. 이 책에 소개된 말랄라 유사프자이, 에밀 졸라, 시몬 베유 등의 역사적 인물들은 바로 그러한 현실에 저항의 목소리를 냈던 사람들이지요. ⟨세계인권선언⟩에 담긴 정신을 몸소 실천하고자 했던 인물들이라고 할 수 있을 겁니다.

1 · ⟨세계인권선언⟩ 30개 조항 중, 여전히 지켜지지 못하고 때로는 침해당하고 있는 조항이 있다면, 그 사례를 골라 친구들에게 소개하

고, 〈세계인권선언〉에 비춰볼 때, 우리에게 요구되는 대응과 마음가짐은 무엇인지 적어봅시다. 예를 들어, 제14조 1항에는 "모든 사람은 박해에 직면하여 피난처를 찾을 권리가 있으며 다른 나라로부터 피난처를 제공받을 권리가 있다"라고 되어 있습니다. 그렇다면 각국의 난민들은 이러한 조항의 보호를 받고 있다고 할 수 있을까요? 프란체스코 교황은 우리에게 이들의 이웃이 되라고 호소합니다. 그렇다면 그들에 대한 우리의 타당한 대응 방식은 무엇일까요? 왜 이러한 조항은 지켜지지 않고 있는 것일까요? 이러한 질문들을 스스로에게 던져보고 답을 찾아보는 시간을 가져봅시다.

2 · 70여 년 전에 만들어진 〈세계인권선언〉은 그 자체로 완전한 글이라기보다, 앞으로 완성해가야 하는 글이라고 할 수 있습니다. 여러분이 조항을 추가한다면 어떤 내용을 더 담고 싶은지 새로운 인권 선언 조항을 1~2개 써봅시다. 언젠가 여러분의 제안이 개정판 〈세계인권선언〉에 실리게 될 수도 있겠죠?

·· 2장. 공부는 세상을 향해 던지는 질문이다

## 5. 『왜 우리는 생각대로 행동하지 않을까』

이 책은 나에서 시작해 자연과 동물, 이웃을 넘어 삶의 의미로 나아간다. 다루고자 하는 내용의 중심에는 언제나 인간이 있다. 우정과 사랑, 언어와 사회, 미디어 등 무엇을 이야기하든 그 중심은 타인과의 관계 속에 있는 인간이다. 구체적인 삶의 상황과 연관해서 삶의 중요한 질문들을 던진다. 그러므로 자신의 경험이 그 질문에 대한 답을 찾는 데 도움이 될 것이다.

– 외르크 베르나디, 『왜 우리는 생각대로 행동하지 않을까』, 8쪽, 시금치

책에서는 '인간의 본질은 무엇일까?', '친구는 얼마나 많을 수 있을까?', '사랑할 사람을 마음대로 고를 수 있을까?', '스마트폰 속에는 얼마나 많은 정신이 숨어 있을까?', '내 삶은 의미가 있을까?'와 같이 한번쯤 우리가 생각해봤거나 우리 삶의 구체적인 현장에 닿아 있는 질문을 다룹니다. 이와 같이 흥미로운 철학적 질문을 던지고, 다양한 방법으로 사고하는 것을 '생각 실험'이라고 합니다.

언제나 주어진 문제에 정해진 답을 써내야 하는 교육에 익숙해진 우리기에 다소 생소한 방법일 수 있지만, 정신과 눈을 열어두고 참여하는 과정을 통해서 우리는 생각하는 인간으로서 역량을 키워갈 수 있습니다. 책을 읽으면서 다채롭고 흥미로운 생각 실험의 세계로 들어가봅시다.

1 · 책은 '나, 인간, 자연, 동물, 우정, 언어, 사랑, 사회, 미디어, 의미' 총 10장으로 구성되어 있습니다. 책을 읽고 내가 탐구하고자 하는 주제를 하나 골라봅시다. 책 전체를 다 읽되, 내가 정한 하나의 주

제를 특히 꼼꼼히 읽고 그 장에 소개된 질문들에 나의 생각을 써봅시다. 또 각 장 안에서 추가적인 질문을 만들 수 있으면 더 좋겠지요?

2 · '왜 우리는 생각대로 행동하지 않을까'라는 책의 제목을 생각해봅시다. 여러분은 평소에 자기 자신에 대해 얼마나 알고 있나요? 내 몸과 나는 어떻게 연결되어 있을까요? 자아는 단순한 뇌의 작용에 불과한 것일까요? 이와 같은 질문을 추가로 생각하면서 나는 정말로 나의 주인이 맞는지 고민해서 '왜 우리는 생각대로 행동하지 않을까?'에 대한 여러분의 생각을 써봅시다. 내가 진정한 나의 주인이 되기 위해서는 어떤 노력이 필요한지도 생각해봅시다.

> 상황이 갑자기 좋아질 수는 없지만 그럼에도 포기하지 말자는 것입니다. 평화의 실현을 포기할 수 있는 사람은 그렇게 해도 잃을 것이 아무것도 없는 사람들뿐이며, 전쟁에 내몰리거나 난민이 되어 괴로움을 맛보고 타국에서 성폭력의 피해자가 되는 사람들은 무슨 일이 있어도 포기할 수 없습니다. 때마침 강자 편에 있어 그럴 수 있는 처지에 있다고 쉽게 평화를 포기하는 것은 곧 세계 시민의 책임을 포기하는 것이라고 저는 생각합니다.
>
> – 모가미 도시키, 『처음 하는 평화 공부』, 7쪽, 궁리

지금 이 순간에도 세계 각지에서 평화를 빼앗긴 사람들이 살아가고 있습니다. 내전과 분쟁은 멈추질 않고, 테러 소식도 끊임없이 들려옵니다. 삶의 터전을 잃은 난민의 수가 급증하고 있고, 여전히 가난과 기아와 질병 등 기초적인 인권조차 보장받지 못한 환경에서 많은 사람이 생명의 위협을 느끼고 있습니다.

평화는 무엇일까요? 왜 전쟁은 끊이질 않는 걸까요? 평화를 이루기 위해서는 무엇을 해야 할까요? 평화를 위해 만들어진 국제기구의 역할은 무엇이며, 그 한계는 무엇일까요? 막연하게 평화로운 세상을 꿈꾸는 것만으로는 평화를 가져올 수 없습니다. 진정으로 평화를 실현하기 위해선 평화를 자신의 일로 여기고 책임질 윤리적이고 정의로운 세계 시민들이 많아져야 합니다. 책에는 절망적인 상황에서도 평화를 노래하고, 평화를 실현해오고 있는 이들도 소개하고 있습니다. 책을 읽으며 세계 평화를 위해서 나는 무엇을 할 수 있는지에 대해 함께 고민해봅시다.

1 · 책에는 새로운 전쟁, 집단안전보장, 평화유지활동, 국제인도법과 국제형사재판, 구조적 폭력, 시민적 개입 등 조금은 낯설고 생소하지만 평화를 위한 핵심적인 개념을 설명하고 있습니다. 책을 읽으며 내가 새롭게 알게 된 평화의 개념을 찾아보고 정리해서 써봅시다. 또한 지금 우리 시대에 평화를 실현하기 위해 가장 적합한 개념은 무엇인지 생각해봅시다.

2 · 오늘날 세계의 평화를 위협하는 중대한 문제는 무엇일까요? 문제의 원인은 무엇이고, 이를 어떻게 해결해야 할까요? 평화로운 세계를 위한 우리의 책임과 역할을 생각하며, 세계 시민들에게 평화를 요청하는 호소문을 써봅시다.

## 7. 『사람은 왜 서로 싸울까』

고대 그리스에서는 공적인 의무에 무관심한 채 개인적 일에만 몰두하는 사람을 이디오테스(idiotes)라고 불렀다. 한마디로 바보라는 뜻이다. 특히 페리클레스 시대에는 아테네 시민 중에서 정치에 관심이 없는 사람은 비정치가가 아니라 무용지물이라고 했다. 아무 쓸모없는 가치 없는 시민으로 손가락질당했다.

공적인 일에 어떻게 관심을 가져야 하는가. 아리스토텔레스의 말을 빌리면, "마땅히 분노할 만한 일에 대해서 분노하는 사람"은 바보가 아니다. 하지만 분노해야 할 때 분노하지 않는 사람은 어리석은 인간이다.

– 차병직, 『사람은 왜 서로 싸울까』, 108쪽, 낮은산

우리는 매일 싸우거나, 싸움에 관한 이야기를 들으며 지냅니다. 정치권에선 하루가 멀다 하고 여야가 각종 이해관계의 대립 속에서 싸우고, 법정에서는 검사와 변호사가, 시장에선 소비자와 기업이, 자본가와 노동자가 싸웁니다. 스포츠는 그야말로 싸움 그 자체입니다. 우리가 친구와 싸울 때도 그렇듯이 서로 다른 입장과 의견은 싸움의 씨앗이 됩니다.

책에서는 싸움에 대해 본격적으로 탐구하고 있는데요. 싸움은 어디서 시작되었으며, 싸워서 무엇을 얻으려 하는지, 싸워야 하는 싸움과 피해야 하는 싸움은 어떻게 구별하는지, 잘 싸우기 위해서는 어떻게 해야 하는지에 대해서 다양한 사고 실험을 통해서 소개하고 있습니다. 책을 읽으며 정의를 가리기 위해서, 그리고 평화를 지키기 위해서 싸워야 할 때 제대로 싸우기 위해서는 어떻게 해야 하는지 생각해볼 수 있습니다.

1 · 책을 읽고 소개된 다양한 사례 중에서 여러분에게 가장 인상 깊었던 사례를 골라보고, 이를 통해 무엇을 배울 수 있는지 생각해봅시다. 나아가 자신이 싸웠던 경험이나 친구나 주위 사람들의 싸움을 봤던 경험을 바탕으로 사람들은 왜 싸우는지에 대해서 여러분의 생각을 정리하여 써봅시다.

2 · 세상에서 일어나는 수많은 싸움이 과연 정말로 싸울 만한 가치가 있는 것인지 생각해봅시다. 수많은 뉴스 중에서 여러분이 생각했을 때 싸울 필요가 없는데 싸우는 것에는 어떤 것이 있는지 살펴보고, 반면에 반드시 싸워야 하는 것에는 무엇이 있는지도 살펴봅시다. 나아가 우리 시대에 정의를 지키기 위해 내가 맞서서 싸워야 하는 것이 있다면 그것은 무엇일까요?

감수성이 있는 공간은 '틈'이 있는 공간이다. 놀 틈, 공부할 틈, 밥 먹을 틈, 연애할 틈, 책 읽을 틈, 잠 잘 틈, 쉴 틈 등이 있어야 감수성이 자란다. 빈 틈 없이 정한 규칙과 약속만 작동하는 공간이 아니라 한걸음 내렸다 가는 틈이 있어야 학교를 삶이 가능한 사람의 공간으로 만들 수 있다. 학생들이 인생에서 가장 예민하고 급격한 성장기를 보내야 하는 학교라는 공간은 더욱 그래야 한다. 틈을 만드는 학교라야 학생이나 교사의 성장도 가능하다. 학교의 물리적·기능적 공간의 틈은 물론 학교라는 제도와 정책의 공간에도 틈은 필요하다.

– 임정훈, 『학교의 품격』, 25쪽, 우리교육

우리나라 대부분의 학교는 비슷한 모양을 하고서 거의 똑같은 시스템으로 운영되고 있습니다. 돌기둥 세 개로 되어 있는 교문이나 계단에 붙어 있는 격언들, 하얗거나 회색의 단조로운 벽, 오래된 책상과 의자, 네모반듯한 교실과 좁은 복도 등의 공간적인 요소와, 다른 반이나 교무실에 출입을 철저하게 금지하거나 중앙현관을 오직 손님용으로 열어둬 학생들 사용을 금지하는 문화가 그러하지요.

『학교의 품격』은 현직 중학교 교사인 임정훈 선생님이 품격있는 학교가 품격있는 사람을 기른다고 이야기하시면서, 우리가 고쳐야 할 학교 곳곳의 모습들을 조명한 책입니다. 학교를 아예 다시 짓는 것이 더 빠르겠지만, 그렇게 하지 않더라도 조금씩 변화를 추구할 수 있는 사례들도 소개해줍니다. 여러분은 학교를 사랑하나요? 학교에서 마음이 안정되고 따뜻한 느낌을 주는 나만의 공간이 있나요? 학교가 배움의 기쁨이 넘치는 나는 공간이 되기 위해 함께 책을 읽고 토론해봅시다.

1 · 책을 읽으며 가장 공감한 내용은 무엇인가요? 또, 책에는 나오지 않지만 여러분이 느끼는 학교가 꼭 바뀌어야 하는 것이 있다면 무엇이고, 왜 그렇게 생각하나요? 학교가 품격 있는 공간이 되기 위해 가장 중요한 철학이 있다면 그것은 무엇이 되어야 할지 써봅시다.

2 · 여러분이 학교에서 딱 한 곳을 새롭게 바꿔볼 수 있다면 어떤 공간을 어떻게 바꾸고 싶나요? 책 마지막에 소개된 창문에 곳감을 다는 것처럼, 아주 작은 변화가 우리에게 숨 쉴 틈을 줄 수 있습니다. 교실, 체육실, 음악실, 복도, 급식실 등 내가 자주 이용하고 좋아하는 공간에 어떤 변화를 실질적으로 줄 수 있을지, 그 변화는 어떤 의미가 있을지 '학교 리뉴얼 제안서'를 써보세요!

· · 2장. 공부는 세상을 향해 던지는 질문이다

## 9. 『장기려, 우리 곁에 살다 간 성자』

"이따가 밤에 뒷문을 살짝 열어 놓을 테니, 직원들 모르게 도망가시오"

밀린 입원비 때문에 퇴원하지 못하던 환자들은, 원장 입에서 나온 이 뜻밖의 말을 어떻게 받아들여야 할지 몰라 어리둥절해 하곤 했다. 그들은 병원장이라는 자리가 자기 월급 몇 푼도 온전히 챙기지 못할 뿐 아니라, 자기 마음대로 다음 달 월급 가불도 못 하는 자리라는 것을 알 길이 없었기 때문이다.

– 김은식, 『장기려, 우리 곁에 살다 간 성자』, 96쪽, 봄나무

장기려 선생님은 평생을 가난하고 어려운 사람들을 보살피고 치유했던 우리 시대의 참 의사입니다. 장기려 선생님은 전쟁으로 얼룩진 한국의 슬픈 현대사 속에 북에 가족을 두고 온 피난민입니다. 무수한 역경 속에서 개인적으로 참 많은 상처를 받아야 했습니다. 하지만 이를 극복하고 동시대의 가난하고 아픈 사람들을 품고 보살피며 치료하셨습니다. 당시 한국 최고의 외과의사로 명망이 높았지만, 돌아가신 후 비석에 쓰인 "모든 것을 가난한 이웃에게 베풀고, 자기를 위해서는 아무 것도 남겨 놓지 않은 선량한 부산 시민, 의사, 크리스천"이라는 말처럼 성자와 같은 삶을 살다 가셨습니다. 어두운 시대에 세상을 밝힌 장기려 선생님 삶의 이야기를 기억하며, 다음 시대를 살아가는 우리에게 주어진 과제는 선생님이 추구했던 가치와 인류애를 우리 삶 속에서 실천하는 것이 아닐까요?

1 · 장기려 선생님은 경성의전(당시 서울대 의대)을 수석으로 졸업하고, 대한민국 최초로 간 절제 수술에 성공할 만큼 의사로서 뛰어난 실력을 갖추고 있었습니다. 하지만 선생님은 부와 명예가 보장된 길을 가지 않고 평생 '청진기만 대면 병이 낫는 줄 알았던' 가난한 사람들을 위해 의술을 펼칩니다. 책에서는 장기려 선생님의 이러한 헌신적인 삶의 모습을 볼 수 있는데요. 그중 가장 인상적인 부분을 골라봅시다. 그리고 그런 면모를 통해 장기려 선생님이 실현하고자 했던 인류애는 무엇이었을지 생각해봅시다.

2 · 장기려 선생님은 언제나 환자에게 가장 필요한 것이 무엇인지를 생각했습니다. 가난하고 먹지 못해서 병이 생긴 환자에게 "닭 두 마리 값을 내주시오"라는 처방을 내리기도 했고, 치료비를 낼 수 없는 사람들을 위해 국가보다 30년 앞서 의료보험제도를 도입하기도 했습니다. 장기려 선생님의 삶에서 이러한 태도를 배웠다면, 우리도 오늘날 우리 시대에 가장 도움이 필요한 사람은 누구인지 생각해봅시다. 그리고 그들을 돕기 위해서 여러분이 무엇을 할 수 있으며, 또 그들에게는 어떤 사회적인 지원이 필요한지 고민해봅시다.

나는 여행을 해 왔다. 남보다 몇 배나 쓸데없이 오래 산 느낌이 든다. 이 여행은 언제까지 계속될까? 앞으로도 현지 활동은 끝이 없을 것이다. 하지만 거기에 결집된 뜻 있는 사람들의 생각이 구석의 어둠을 비추는 등불로서 꾸준히 그리고 조용히 타오를 수 있게 되기를 기도한다. 우리의 여정 그 자체, 현지에 투입된 양심의 흔적이 다음 세대로 전해질 최대의 메시지인 것이다.

– 나카무라 테츠, 『의술은 국경을 넘어』, 374쪽, 산지니

나카무라 테츠 선생님은 30여 년 동안 아프가니스탄과 파키스탄 일대에서 의료구호활동을 펼쳐왔으며, 그 공로로 아시아의 노벨상이라 불리는 막사이사이상을 수상한 분입니다. 선생님은 의료의 손길이 닿지 않는 곳 구석구석까지 직접 병들고 아픈 이들을 찾아가서 치료했으며, 의술을 넘어 신발이 필요한 사람에겐 신발을, 물이 필요할 땐 우물을 파고 직접 수로를 건설하는 것과 같은 인술을 펴왔습니다.

나카무라 테츠 선생님은 2019년 12월 4일 아프가니스탄에서 괴한들의 총격으로 사망했습니다. 비록 그를 이제 이 세상에서는 직접 만날 수는 없지만, 책을 통해 선생님이 보여준 '어둠을 비추는 등불'과 어렵고 힘든 사람을 보듬고 치유하는 양심을 배우고 만나고자 합니다.

1 · 사람을 치료하는 의사로서 나카무라 테츠 선생님은 단순히 병을 치료하는 것을 넘어서 사람이 아프게 되는 환경 자체를 변화시키기 위한 노력도 많이 하셨으며, 아픈 환자가 있는 곳이라면 그곳

이 어디든 찾아가셨습니다. 책을 읽으며 부모님, 선생님, 친구 등 나카무라 테츠 선생님의 이야기를 가장 알리고 싶은 사람에게 책에서 내가 배운 것을 담은 소개글을 써봅시다. 이를 통해 왜 우리가 나카무라 테츠 선생님을 기억하는 것이 중요한지 다시 한번 생각해봅시다.

2 · 나카무라 테츠 선생님은 국적은 달라도 가난과 열악한 환경 속에서 병든 사람들을 외면할 수 없었기 때문에, 책의 제목처럼 '국경을 넘어' 우리 시대의 진정한 의술과 사랑, 평화를 실천하셨습니다. 여러분이 생각했을 때 오늘날 우리 시대에 국경을 뛰어넘어 공유되어야 하는 가치는 무엇인가요?

　여러분이 알아야 하는 것은 예술이라 할 때 내가 단지 회화와 조각만을 의미하는 것이 아니며, 또한 그런 것들이나 건축, 즉 적절히 꾸며진 아름다운 건물만을 의미하는 것도 아니라는 것입니다. 이것들은 그저 예술의 한 부분일 뿐이며, 예술이란 훨씬 더 큰 범위로 정신적이고 육체적인 인간의 노동에서 나온 아름다움, 이 지구상에 있는 모든 주변 환경을 포함한 인간의 삶 속에서 그 사람이 취하는 관심의 표현, 즉 삶의 기쁨이 내가 말하는 예술인 것입니다.

– 윌리엄 모리스, 『윌리엄 모리스 노동과 미학』, 9쪽, 좁쌀한알

　한국 직장인들의 노동 시간은 OECD 국가 중 긴 축에 속하며, 마찬가지로 한국 학생들의 학업 시간은 세계에서 가장 깁니다. 그렇게 오랜 시간 일을 하고 공부를 하지만, 이를 진정으로 즐기고 하나의 예술로 만드는 것은 불가능한 것처럼 여겨집니다. 하지만 윌리엄 모리스는 노동을 포함한 우리 삶의 모든 것이 예술이라고 말하며, 아름다운 것을 보고 직접 창조하며 느끼는 삶의 기쁨이야말로 인생의 진정한 목표라고 말합니다. 그는 모든 사람이 진정으로 삶의 기쁨을 느끼며 살아가기 위해서 사회의 구조적인 변화가 필요하다고 생각했습니다. 그래서 그는 산업화 대량생산으로부터 비롯된 획일적인 삶의 방식을 넘어서 진정한 삶의 예술가이자 창조자로서 살아가는 삶에 대해서 꿈을 꾸고, 실천했으며, 세상을 향해 자신의 주장을 외쳤습니다.

　윌리엄 모리스처럼 우리 또한 우리가 꿈꾸는 세상이 어떤 모습일지

상상해보고, 이를 어떻게 실현할 수 있을 것인지 이야기 나눠봅시다.

1 · 책에서 윌리엄 모리스가 말하는 예술과 노동, 정치에 관한 문장 중 자신의 마음을 울리는 문장을 골라봅시다. 윌리엄 모리스가 생각하는 예술이 무엇인지 정리해보고, 자신이 생각하는 예술에 대해서 적어봅시다.

2 · 책의 제목은 '노동과 미학'입니다. 윌리엄 모리스는 전혀 상반되어 보이는 노동과 미학이라는 주제를 연결하여 '삶의 기쁨을 느낄 수 있는 예술'로서 통합합니다. 윌리엄 모리스가 했던 것처럼 여러분이 꿈꾸며 살아가고자 하는 삶의 방향에 대하여 이름을 붙여봅시다. 그리고 자신의 삶의 태도를 담은 한 편의 에세이를 써봅시다.

빈곤은 개인의 게으름 탓도 아니고, 단지 먹고사는 문제만을 뜻하지도 않아요. 더운 여름에도 선풍기 없는 낡은 집에서 살고, 생계를 위해 대통령 선거도 포기한 채 일터에 나가고, 몸이 아파도 병원에 못 가고, 하루하루 먹고살기 바빠 멋진 미래를 꿈꿀 자유마저 빼앗기는 상황이 바로 빈곤이에요. 이제 빈곤은 최소한의 인간다운 삶을 살 수 없는 상황을 말해요. 그래서 경제적 의미에 사회, 문화, 정치적 의미까지 포함해서 살펴야 하지요.

– 윤예림, 『빈곤』, 8쪽, 풀빛

『빈곤』에서는 오늘날 우리가 그 어느 때보다 풍요로운 시대를 살고 있지만 왜 여전히 가난한 사람들이 존재하는지, 또 가난한 사람들은 왜 가난해졌는지를 분석합니다. 이 책을 통해 우리는 빈곤이란 한 개인의 차원이 아닌, 식민지 역사, 잘못된 국가 정책, 경제 발전의 그늘 등에서 비롯되는 것이기도 하다는 점을 알 수 있습니다. 나아가 우리가 빈곤을 없애기 위해서 무엇을 해야 하는지 고민하게 합니다. 책을 읽으며 빈곤의 실제 모습과 빈곤을 만드는 구조에 대해서 살펴보고, 어떻게 빈곤을 해결할 수 있을지 함께 고민해봅시다.

1 · 오늘날 세상은 어느 때보다 풍요롭다고 합니다. 그런데 왜 여전히 이 세계에는 가난한 사람들이 있을까요? 책을 통해 가난의 이유를 정리하고, 오늘날 가난하다는 것이 어떤 의미인지 생각하여 글을 써봅시다.

2 · 빈곤은 인간이 인간다운 삶을 살 수 없는 상태를 말합니다. 어떻게 하면 빈곤을 없앨 수 있을까요? 책의 6장에는 '빈곤을 없애기 위해 우리가 할 일'이 자세히 소개되어 있습니다. 이 방법들 중에서 하나를 골라 실천해보거나, 빈곤을 없앨 수 있는 또 다른 방법을 찾아봅시다.

신뢰와 협동심과 서로가 서로의 수호자라는 깨달음이 있어야 앞으로 나아갈 수 있다. 두려움에서 벗어나 모르는 사람들에게도 친절을 베풀어야 앞으로 나아갈 수 있다. 건강하고 행복한 삶을 보장할 수 있도록 우리 도시를 재편하고 삶의 질에 따라다니는 가격표를 떼어야 앞으로 나아갈 수 있다. 지금은 이 세상의 좋은 점을 찾아야 할 때다.

어떻게 하면 세상에 긍정적인 영향을 미칠 수 있을지 방법을 모색하는 것이 가장 중요하다. 꿈을 꾸는 사람들, 실천하는 사람들이 좀 더 많아져야 한다. 친절의 창조자와 행복의 영웅이 좀 더 많아져야 한다. 우리 모두에게는 이런 태도가 필요하다.

– 마이크 비킹, 『리케』, 296쪽, 흐름출판

여러분은 행복한가요? 행복은 주관적으로 측정할 수밖에 없어서 정확한 점수를 매기기 어렵지만, 행복한 사람 혹은 행복한 사회는 분명 있습니다. 저마다 행복의 기준들은 다르겠지만, 분명 보편적으로 행복의 기준이 되어야 하는 것들이 있습니다. 예를 들어 건강, 자유, 돈, 안전, 신뢰, 공동체 유대관계 등이 그것입니다. 전 세계에서 가장 행복한 사람들의 공통분모는 무엇이고, 행복해지려면 어떻게 해야 할까요? UN에서 발표하는 〈세계 행복 보고서〉에서 항상 가장 행복한 나라에 이름을 올리는 덴마크 사람들의 일상을 통해 진정한 행복을 찾아가봅시다.

1 · 책을 읽으며 나는 행복한 사람인지 생각해보세요. 나는 어떤 이유

에서 행복한 사람이고, 또 어떤 요인 때문에 불행한 것 같나요? 내가 개인적으로 실천할 수 있는 행복의 방법은 무엇이고, 나만 노력하는 것이 아니라 사회 전체가 함께해야 할 실천 방법은 무엇인가요?

2 · 나의 좋음이 세계의 옳음에 가닿지 못하면 결국 그것은 누군가의 고통으로, 혹은 다시 불행의 화살로 나에게 돌아오기도 합니다. 좋은 성적을 받아 상위권 대학을 가려는 수많은 개인적인 노력이 우리 사회의 불공정한 시스템 속에서 사회적 약자를 만들고 고통을 가중시키듯이 말이지요. 여러분의 좋음은 무엇입니까? 여러분이 원하는 삶은 세계의 옳음에 가닿아 있나요? 솔직한 자기반성과 성찰을 담아 앞으로 여러분이 어떤 삶을 살고 싶은지 한 편의 선언문을 써보세요.

이 책의 제목이기도 한 "나만 잘 살면 왜 안 돼요?"라는 말을 자신을 위해 사는 게 나쁘다는 의미로 오해하지 않기를 바랍니다. 자신의 가치와 행복을 위해 살아가는 것은 인간이라면 누구나 가져야 할 당연한 권리입니다. 오히려 "나만 잘 살면 왜 안 돼요?"라는 질문은 차별 없는 세상을 바라는 사회적 약자들, 그리고 공동체의 선과 정의를 위해 헌신적으로 살아가는 사람들의 목소리에도 귀 기울이며 함께 잘 살아가자는 바람의 표현입니다.

– 이치훈, 신방실, 『나만 잘 살면 왜 안 돼요?』, 6쪽, 북트리거

혐오 문화, 페미니즘, 다문화 사회, 젠트리피케이션, 기후 위기, 아이돌 문화, 온라인 게임…. 하루에도 수백 개가 넘는 뉴스들이 쏟아져 나옵니다. TV와 신문을 넘어서 수많은 온라인 언론사가 생겨났고, 우리는 넘쳐나는 정보 속에서 살아갑니다. 그런데 정확히 그것들이 의미하는 바가 무엇인지는 잘 모릅니다. 가장 많이 보도되는 뉴스가 꼭 필요하거나 중요한 것이 아닐 때도 많습니다. 연예인의 연애와 결혼 소식에 정작 중요한 이슈가 묻히기도 하지요.

우리 사회에서 크게 이슈되었던 뉴스들을 주제별로 엮은 책을 읽고, 나는 어떤 소식에 귀를 기울이고 있는지, 내가 살고 있는 사회는 어떤 모습인지 객관적으로 보는 시간을 가져봅시다. 그리고 제목의 질문 "나만 잘 살면 왜 안 돼요?" 질문에 여러분 각자의 답을 찾아보면 더욱 좋겠지요?

1 · 책에는 다양한 이슈들이 소개되어 있습니다. 여러분이 원래 관심을 갖고 있었던 분야도 있겠지만 처음 듣거나 보는 이야기도 있을 거예요. 책에서 소개한 사회적 이슈를 하나 골라, 그와 관련한 최근 뉴스나 신문을 찾아보세요. 어떤 변화가 생겼나요? 또는 사회가 함께 노력해서 바꾸어야 할 점이 있다면 무엇일지 가능하다면 친구들과 그 이슈에 대해 이야기해보거나, 가족들과 토론을 해보아도 좋습니다.

2 · 책의 제목이기도 한 "나만 잘 살면 왜 안 돼요?" 질문에 자신의 생각을 써봅시다. 왜 나만 잘 살면 안 되나요? 아니면 나만 잘 살아도 괜찮은가요? 여러분의 솔직한 생각을 충분한 근거를 갖고 설명해보세요.

·· 2장. 공부는 세상을 향해 던지는 질문이다

기술 혁명은 앞으로 수십 년 내에 탄력을 받을 것이고, 그로 인해 인류는 지금껏 겪어보지 못한 가장 힘든 시련에 직면하리라는 것은 의심의 여지가 없다.

자유주의와 민족주의, 이슬람 혹은 다른 어떤 참신한 신조가 2050년 세계를 건설하려 한다면, 인공지능과 빅데이터 알고리즘과 생명공학을 이해하는 데 그칠 것이 아니라 그것들을 유의미한 새로운 서사로 통합할 필요가 있을 것이다.

– 유발 하라리, 『21세기를 위한 21세기 제언』, 42쪽, 김영사

유발 하라리는 21세기 가장 주목받는 지식인입니다. 보잘것없던 유인원이 어떻게 지구라는 행성의 지배자가 되었는지를 설명하고자 지난 역사를 총체적으로 다룬 『사피엔스』는 전 세계적인 베스트셀러가 되었고, 그 외의 저작들도 연일 화제가 되고 있습니다.

과연 인류의 미래는 어떻게 될까요? 호모 사피엔스가 직면한 '지금, 여기'는 어떤 미래를 향하게 될까요? 전환기에 서 있는 지금 우리에게 저자 유발 하라리는 자유, 평등, 공동체, 종교 등과 같은 가치와 이념에서부터 인공지능, 빅데이터, 생명공학 등과 같은 최첨단 기술에 이르기까지 현재 우리가 직면한 세계에 대한 비전을 제시하고자 합니다.

1 · 저자인 유발 하라리와 같이 '우리는 누구이며, 어떤 세계를 지향해야 하는가'라고 스스로에게 물어봅시다. 또 나에게 주어진 이

삶과 세계는 어떤 의미와 가치를 갖는지 물어봅시다. 그리하여 나는 어떤 태도로 이 삶을 살고 싶고, 어떤 미래를 만들고 싶은지 적어봅시다.

2 · 21세기 우리는 아주 급격한 변화의 시대를 살고 있습니다. 이전에 알고 있던 정보는 새로운 정보로 대체되고, 그것이 우리 사회에 어떤 변화를 가져올지는 누구도 쉽사리 예측할 수 없습니다. 그렇기 때문에 책의 〈교육〉 부분에서 저자는 우리에게 필요한 것은 더 많은 정보가 아니라 '생각하는 힘'이라고 말합니다. 그런데 지금 우리 교육은 여전히 이전 시대의 지식을 습득하기에 급급할 뿐 학생들의 생각하는 힘을 키워주는 새로운 교육으로 나아가지 못하고 있습니다. 여러분은 다가오는 미래에 우리에게 정말 필요한 능력은 무엇이라고 생각하나요? 또 그런 능력을 키우기 위해서는 어떤 교육이 필요하다고 생각하나요?

## 16. 『세계 곳곳의 너무 멋진 여자들』

조피는 재판 내내 차분했다. "결국 누군가는 시작했을 일입니다" 그녀는 나치 판사 앞에서 이렇게 선언했다. "우리가 쓰고 말한 것은 수많은 사람들의 생각이기도 합니다. 그들은 단지 우리처럼 표현하지 못했을 뿐입니다." 재판 도중에 조피와 한스의 아버지가 재판정으로 들어가려고 했지만 경비가 그를 막았다. 하지만 그가 외치는 소리는 모두가 들을 수 있었다. "언젠가 정의가 살아날 것입니다! 언젠가 그들은 역사 속으로 사라질 것이오!" 그 소리를 듣자 조피는 고개를 빳빳이 들고 자신의 평화적인 운동과 주장에 대해 변호했다.

－ 케이트 샤츠, 『세계 곳곳의 너무 멋진 여자들』, 86쪽, 티티

'#미투Metoo'운동이 전 세계에서 일어났습니다. 이것은 단순히 여성이 남성에게 폭력을 당했다는 의미보다, 지금까지 억눌리며 고통 속에 있었던 하나의 정체성인 '여성'이 침묵을 깨고 인간의 존엄을 지키기 위해 목소리를 내는 운동인데요. 우리 역시 이 움직임을 보다 인간다운 사회를 향해가는 시대의 변화로 받아들여야 할 것입니다.

『세계 곳곳의 너무 멋진 여자들』은 전 세계에서 여성 중 새로운 영역에 도전하고 경계를 허물었던 이들을 소개하고 있습니다. 짧은 글이지만, 소개된 모든 여성은 단순히 여성이라서가 아니라 '인간'으로서 멋지고 아름다운 존재들입니다.

1 · 책에서 가장 인상 깊은 사람을 세 명 골라보세요. 그 세 사람에게

서 공통점을 찾아보며 여러분이 왜 그들에 관심을 갖게 되었는지 생각해보세요. 예를 들어 '말랄라, 치마만다, 5월 광장 어머니회'에 관심을 가졌다면 이들이 '침묵을 깬 사람들'이라는 공통점을 발견할 수 있을 것입니다. 여러분도 이 책에서 소개한 여성들의 메시지 중에서 나에게 특별한 감동을 준 사람들을 골라 그들의 실천이 왜 공감과 감동을 주는지 생각하며 분석하는 글을 써보세요. 여러분이 겪고 있는 어려움이나 최근 관심을 갖고 있는 사회문제 등 나의 일상과 연결하여 구체적으로 생각해봅시다.

2 · 책에 소개된 여성의 메시지가 앞으로 우리 사회에서 어떻게 받아들여지길 바라나요? 이들의 목소리는 단지 여성뿐만 아니라 소외당하고 억압받던 모든 존재들에게도 희망적입니다. 그렇다면 이들의 목소리가 가닿아야 할 또 다른 영역은 무엇이 있을지 생각해봅시다. 예를 들어 전쟁으로 억압받고 있는 시리아의 어린이에게, 가난하다는 이유로 치료받지 못해 죽어가는 아프리카 기아 난민에게, 꿈을 잃고 오로지 정해진 길로만 가야 하는 대한민국 청소년에게 책에 소개된 여성들의 메시지를 전하면서 희망의 미래를 그려봅시다.

·· 2장. 공부는 세상을 향해 던지는 질문이다

아버지는 자식들을 잘 먹일 수 없었다. 학교에도 제대로 보낼 수 없었다. 우리집에 새 것이라고는 아무것도 없었다. 충분한 영양을 섭취해본 적도 없었다. 영양 부족으로 일어나는 이상 증세를 우리는 경험했다. 단백질의 부족이 빈혈·부종·설사를 부르고는 했다. 아버지는 열심히 일했다. 열심히 일하고도 인간다운 생활을 할 권리를 잃었다. (…) 아버지가 꿈꾼 세상은 모두에게 할 일을 주고, 일한 대가로 먹고 입고, 누구나 다 자식을 공부시키며 이웃을 사랑하는 세계였다. 그 세계의 지배 계층은 호화로운 생활을 하지 않을 것이라고 아버지는 말했었다. 인간이 갖는 고통에 대해 그들도 알 권리가 있기 때문이라는 것이었다.

– 조세희, 『난장이가 쏘아올린 작은 공』, 212쪽, 이성과힘

『난장이가 쏘아올린 작은 공(난쏘공)』은 한국의 대표적인 불평등과 계급 갈등을 다룬 작품입니다. 1978년에 연작 소설을 묶어서 나온 이 책은 도시 재개발 과정에서 철거민 가정의 아픔을 담아내고 있습니다. 이 소설은 발간 39년 만에 300쇄를 돌파했으며, 작가는 이 소설이 계속 읽히는 것은 "부끄러운 일"이라고 말한 바 있습니다. 이 소설이 계속 읽히는 것은 여전히 한국 사회에서 문제가 해결되지 않았기 때문입니다.

1 · 여러분은 계급이라는 말을 들어봤나요? 자신의 능력이 아니라 태어난 신분에 따라서 미래가 결정되는 것을 계급 사회라고 부릅니다. 『난쏘공』은 1970~80년대 한국 사회가 얼마나 불평등한 모습

이었으며 계급 사회적인 면모가 강했는지를 여실히 묘사하고 있습니다. 그리고 2019년 개봉하여 아카데미 시상식에서 작품상을 비롯한 4관왕을 차지한 영화 〈기생충〉에서 또한 여전히 불평등한 우리 사회의 모습을 그려내고 있습니다. 『난쏘공』에서 소개한 모습과 오늘날의 한국 사회를 비교해봅시다(영화 〈기생충〉을 봤다면 기생충에 나온 장면과 비교해봐도 좋겠습니다). 그때와 무엇이 달라졌으며, 무엇이 달라지지 않았는지 살펴봅시다. 이를 통해 지금 우리 사회가 직면한 문제는 무엇이고, 어떻게 해결해야 할지 여러분의 의견을 써보세요.

2 · 기후 위기, 전염병의 위기, 경제 위기 등 수많은 위기가 도처에 있습니다. 위기라고 모두에게 평등하게 다가오는 것은 아닙니다. 누군가에는 견딜 만한 것으로, 누군가에게는 이익을 주기도 하지요. 위기가 생길 때마다 가장 큰 고통을 겪는 이들이 누구인지 생각해봅시다. 그들에게 실질적인 도움을 줄 수 있는 방안도 생각해봅시다.

"물이 끊겼다는데, 주지사가 그 이유를 묻고 있나 봐요."

"누구한테 물어보는데?" "우리한테요."

"왜 우리한테 물어보는데? 수자원공사에 사람 많잖아? 저녁이나 되어야 우리한테 차례가 올걸. 그때까지는 물이 나올 거고."

"이보세요, 주지사님이 곧바로 우리에게 물어봤겠어요? 주지사는 먼저 사장에게 물어보고, 사장은 제2부서에, 제2부서는 수도관리처에, 수도관리처는 수석 기술자에게, 수석 기술자는 기술자에게, 또 기술자는 우리 팀 지야에게, 그리고 지야는 내게 물어본 거죠. 그래서 나도 니야즈 씨한테 지금 묻고 있잖아요."

"그럼 나는 이제 누구한테 물어봐야 하지?"

– 아지즈 네신, 『일단, 웃고 나서 혁명』, 159쪽, 푸른숲

아지즈 네신은 터키 풍자 문학사에 큰 획을 그은 문학의 거장입니다. 그는 인간 세계에서 무겁게 다뤄지는 권력자의 폭압, 위선, 탐욕, 인권 유린과 같은 문제를 담담하고 우스꽝스럽게 풍자합니다. 책에서 등장하는 인물들은 무능하고, 부책임하며, 나태하고, 우매합니다. 하지만 곰곰이 생각해보면 은연중에 우리 시대를 관통하고 있는 본질을 통찰할 수 있습니다.

결국 아지즈 네신의 책을 읽는 독자들은 자연스럽게 세상에 대한 비판 정신을 갖고 깨어서 세상을 바라보게 되는 것입니다. 아지즈 네신은 풍자 문학을 통해 시민들을 일깨웠습니다.

1 · 『일단, 웃고 나서 혁명』에서 소개하는 흥미로운 이야기 중에서 우리 사회의 모습과 가장 유사한 일화를 골라봅시다. 어떤 부분이 비슷하고, 또 어떤 부분이 다른가요? 여러분이 고른 장면에서 인물이나 사건의 장면을 다양한 방식으로 해석해봅시다. 더욱 재미있는 문학 읽기가 될 것입니다.

2 · 혁명의 사전적 의미는 "이전의 관습이나 제도, 방식 따위를 단번에 깨뜨리고 질적으로 새로운 것을 급격하게 세우는 일"입니다. 여러분이 해내고 싶은 일상의 혁명은 무엇인가요? 간절하게 바꾸고 싶은 일을 웃으면서 혁명할 수 있는 방법은 무엇일까요? 아지즈 네신의 유머와 풍자에 힘입어 여러분도 재미있는 혁명의 방법을 만들어봅시다.

평등과 자유, 정의, 재산 소유, 선택 등은 민주주의의 중요한 가치들입니다. 이 가치들은 인권이라는 핵심 가치를 실현하기 위해 꼭 필요한 것들입니다. 모두 다 인간답고 행복하게 살 권리를 충족시켜 주는, 우리 삶에서 꼭 필요한 요소들이지요. 민주주의는 이런 가치들을 담아내는 그릇이라고 할 수 있습니다.

자유롭게 질문하고 토론하는 분위기에서 논리적 능력, 창의력 그리고 객관적 지식을 쌓게 됩니다. 다양한 민주주의적 가치는 상하 위계질서에서 강요되어 배우는 지식이 아닙니다. 다양한 사회적 가치들이 공존하는 세상을 객관적으로 접하면서 자신의 체험이 민주주의의 가치 기준과 일치될 때 비로소 실천 요소로 자리잡게 됩니다.

– 최연혁, 『민주주의가 왜 좋을까?』, 5쪽, 나무를심는사람들

『민주주의가 왜 좋을까?』는 진정한 민주 시민이 되기 위해서 필요한 것들이 무엇인지, 그리고 더 나은 세상을 만들기 위해 무엇을 바꿔야 할지, 어떤 지도자들이 우리에게 필요한지, 다양한 세계 질서와 국가들과의 관계 속에서 우리 사회를 더욱 살기 좋은 세상으로 만들기 위해 어떻게 해야 할지에 대한 고민이 담겨 있습니다. 책을 읽으며 깨어 있는 시민으로 살아가기 위해서 무엇을 해야 할지 생각해볼 수 있습니다.

1 · 『민주주의가 왜 좋을까?』에는 민주주의에서 중요한 가치들을 실현하기 위해 필요한 법, 제도, 규칙, 문화 등을 생각할 수 있는 40

개의 질문이 소개되어 있습니다. 여러분이 생각할 때 우리나라의 상황에서 가장 필요한 질문이 무엇인지 골라보고, 그 이유와 이 질문을 통해 우리 사회에 말하고 싶은 이야기를 써보세요.

2 · 『민주주의가 왜 좋을까?』에는 정의로운 세상을 만들기 위해서는 깨어 있는 민주 시민이 있어야 한다는 내용을 담고 있습니다. 책의 내용을 참고하여, 오늘날 여러분이 생각할 때 깨어 있는 민주 시민의 갖춰야 할 덕목을 정리해보세요.

# 20. 『두잉 데모크라시』

우리가 원하는 삶, 바라는 세상을 스스로 선택하는 것. 우리 안에 내재한 힘을 움켜쥐는 것. 이것이야말로 민주주의를 실천하기 위한 첫 번째 삶의 기술입니다. 이 선택을 시작으로 우리는 공동의 논의에 참여하고 더 나은 세상을 위한 변화를 실천할 힘을 얻을 수 있습니다. 우리가 일상에서부터 민주주의 기술을 실천하고 더 이상 스스로를 무력한 피해자로 느끼지 않을 때, 나아가 내 삶의 주인이자 공동체의 주인으로서 영향력을 발휘할 때, 우리는 스스로 희망이 될 수 있습니다. 희망이란 변화의 실천 속에서 솟아나는 삶의 에너지와도 같은 것이기 때문입니다. 그러므로 당신이 희망입니다. 부디 이 책이 자기 삶의 주인이자 공동체의 주인으로서 살아있는 민주주의를 실천하는 데 도움이 되기를 바랍니다.

– 인디고 서원, 『두잉 데모크라시』, 7쪽, 궁리

현대에는 많은 나라에서 민주주의를 정치체제로 선택하고 있습니다. 하지만 헌법문으로 공동체의 통치에 참여할 권리가 주어져 있을 뿐, 실제로 그 권리를 행사하여 모든 사람의 의견과 요구가 공동체의 의사결정과정에 반영되고 있지 못한 현실입니다. 이 문제는 대의민주주의가 제대로 작동하고 있지 못하기 때문이기도 하지만, 더욱 근본적으로 권리 주체인 시민들이 자신의 권리를 자각하지 못하고 그것이 반영될 수 있도록 요구할 힘을 잃은 데 원인이 있습니다. 살아 있는 민주주의를 실천하기 위한 방법을 도모하고, 그를 통해 희망을 만들어가고자 하는 청소년들의 목소리를 책을 통해 만나볼 수 있습니다.

살아 있는 민주주의는 인간의 선한 의지에 대한 믿음으로부터 시작합니다. 우리가 시민으로서 잠재성을 지니고 있다는 이러한 '풍요'를 전제로 한 살아 있는 민주주의는, 우리가 가진 시민으로서 역량과 권리를 어떻게 조직하여 문제를 해결하는 힘으로 발현하고 실천할 것인지를 고민합니다. 이것은 우리가 우리 삶에서 당면한 문제를 공적으로 해결할 수 있도록 힘과 용기를 북돋아주는 '희망의 소용돌이'로 작용하며, 공동체를 더 정의롭고 풍요로운 사회로 함께 만들어갈 수 있도록 하는 원동력이 됩니다.

1 · 살아 있는 민주주의의 깨어 있는 시민이 되기 위해 무기력의 소용돌이를 깨트리고 희망의 소용돌이를 만들어봅시다. 여러분이 깨트리고 싶은 무기력은 무엇인가요? 그 무기력은 우리 삶에서 어떤 소용돌이로 돌아가고 있나요?

2 · 무기력의 소용돌이를 깨트리는 희망의 소용돌이의 시작은 무엇인가요? 그 시작은 무엇을 연쇄적으로 가능하게 할 수 있을까요?

# 함께 보면 좋은 영화

### 1. <우리들>
**윤가은 / 한국 / 2016**

학교에서 따돌림당해 언제나 혼자였던 외톨이 '선'은 모두가 떠나고 홀로 교실에 남아 있던 방학식 날에 전학생 '지아'를 만납니다. 둘은 서로의 비밀을 공유하면서 세상에 둘도 없이 가까운 친구가 되어 함께 생애 가장 행복한 방학을 보냅니다. 하지만 개학을 하자 지아는 선에게 차가운 얼굴을 하고 있고, 선을 따돌리는 보라의 편에 서게 됩니다. 다시 혼자가 되고 싶지 않은 선과 더 많은 친구를 사귀려는 지아, 그리고 그에 무관심하거나 지나치게 참견하는 친구들. 사랑과 우정, 질투와 미움 등 우리가 관계 맺으면서 느끼게 되는 복잡미묘한 문제들을 현실적으로 그려내며 '우리'라는 의미를 질문하는 영화입니다.

### 2. <벤딩 디 아크>
**키프 데이비슨, 페드로 코스 / 미국 / 2017**

영화는 김용, 오필리아 달, 폴 파머 3명의 절친한 친구가 국제의료활동을 하며 세상을 바꾼 이야기입니다. 영화 속에서 폴 파머는 "왜 질병은 가난한 사람에게 먼저 찾아오는가?"라고 질문합니다. 전 세계 곳곳에는 사회의 제도, 법, 문화, 정책이 부조리하거나 평등하게 적용되지 않아서 그 피해를 받고 있는 개인이 많습니다. 이 청년들은 '건강의 동반자들(PIH, Partners In Health)'이라는 조직을 만듭니다. 지역 보건의와 자원봉사자들을 연계하여 환자 가까이에서 질병의 원인을 찾고, 그 원인에 적합한 처방과 치료를 가능하도록 한 시스템입니다. 세계보건기구와 결핵의사협회의 무관심과 무책임함을 비판하는 청년 세 명의 무모한 도전은 당시 환영받지 못했지만, 이들의 헌신적인 노력은 결국 수많은 사람을 살려내는 데 성공합니다. 영화를 통해 우리가 꿈꾸는 정의로운 세상을 위해 나는 무엇을 할 것인지에 대해서 고민할 수 있습니다.

### 3. <내일을 위한 시간>
장 피에르 다르덴, 뤽 다르덴 / 벨기에 외 / 2014

병가 휴직을 끝내고 복직을 앞둔 주인공 '산드라'에게 한 통의 전화가 걸려옵니다. 그녀가 없는 동안 회사 동료들이 그녀와 다시 함께 일하는 대신 보너스를 받기로 선택했다는 내용이었지요. 하지만 투표가 공정하지 않았다는 제보가 있었고, 재투표를 하게 됩니다. 일자리를 되찾고 싶은 산드라는 주말 동안 16명의 동료를 일일이 찾아가 설득합니다. 각자의 사정이 있고 형편이 어려운 동료들에게 보너스를 포기하고 자신을 선택해 달라는 말은 어렵습니다. 그녀가 찾아온 것이 불편한 동료도 있고, 마음의 빚을 지고 있었기에 그녀에게 눈물로 사과하는 동료도 있습니다, 과연 투표의 결과는 어떻게 될까요? 영화를 통해 인간의 존엄성을 지키고, 인간다운 삶을 산다는 것이 무엇인지를 생각해볼 수 있습니다.

## 4. <기생충>
봉준호 / 한국 / 2019

두 가족의 이야기입니다. 기택네 가족은 모두가 백수로 살길이 막막합니다. 냄새나고, 비가 오면 물이 들어차는 반지하 집에 살고 있죠. 다른 한 가족은 글로벌 IT기업 CEO인 박 사장 가족으로 저택에서 부유하게 살고 있습니다. 박 사장 가족의 집에 기택의 아들 기우가 과외를 하게 되면서 발을 딛게 됩니다. 두 가족, 두 집 사이의 대조되는 분위기와 서로 달리 처한 계급적 상황에서 빚어지는 갈등과 희비극이 펼쳐집니다. 문제는 이것이 영화에 그치는 것이 아니라 우리 현실을 반영한 문제라는 것입니다. 영화를 보며 극단적으로 대비되는 인간의 조건이 공존하고 있는 불평등한 우리 시대를 이해하고, 그 속에서 나는 어떤 삶을 살아갈 것인지를 고민해볼 수 있습니다.

## 5. <나, 다니엘 블레이크>
켄 로치 / 영국 / 2016

평생을 성실한 목수로 살아오던 다니엘은 지병인 심장병이 악화되면서 일을 계속할 수 없는 상황이 됩니다. 실업급여를 받기 위해 관공서를 찾아가지만, 잘못된 복지 시스템과 복잡하고 관료적인 절차로 번번이 좌절합니다. 그러던 어느 날 다니엘은 두 아이와 함께 런던에 이주한 싱글맘 케이티를 만납니다. 케이티 또한 제대로 된 복지 제도의 지원을 받지 못하는 처지에 있는 것을 보고, 다니엘이 도움을 주게 됩니다. 그렇게 서로를 의지하며 살아가지만, 여전히 현실의 벽은 너무나도 높고 빈곤의 늪은 깊습니다. 영화를 보면서 복지 제도가 놓치고 있는 인간다운 삶의 의미와 그것을 위한 국가와 공동체의 역할이 무엇인지 생각할 수 있습니다. 어떻게 우리는 소외되는 사람이 없이 함께 행복한 공동체를 만들어갈 수 있을까요?

3장

공부는 모두에게
이로운 혁명이다

# 모두에게 이로운 혁명

마인 카폰(Mine Kafon)을 만들어 세계적으로 유명해진 디자이너 마수드 하사니를 인디고 서원에서 2020년 2월 22일 한국으로 초대했습니다. 마인 카폰은 지뢰(Mine)를 폭발(Kafon)시킨다는 뜻의 둥근 공인데, 평평한 대지에 놓으면 바람에 저절로 굴러다니며 대인지뢰를 터뜨립니다. 제품 디자이너인 마수드 하사니가 이것을 만든 이유는 어릴 적 기억 때문입니다. 아프가니스탄에 묻혀 있는 지뢰는 1천만 개에 달하며, 1만여 명에 이르는 사람이 500m 이내에 지뢰가 묻힌 지역에서 살아가고 있습니다. 지뢰 때문에 아이들은 자유롭게 뛰어놀 수 없습니다. 순식간에 지뢰가 터져 목숨이 위험할 수 있기 때문입니다. 구호 식량을 전달해줄 때도 지뢰가 문제가 됩니다. 식량 보급 박스들이 들판 여기저기 무차별적으로 떨어지면 굶주린 아이들이 그쪽으로 달려가다 지뢰를 밟아 몸이 찢기기 때문입니다. 아프가니스탄에 묻힌 수많은 지뢰는 지금 이 순간에도 아이들의 생명을 위협하고 있습니다.

마수드 하사니가 열 살이 되던 해, 그의 아버지가 로켓 공격으로 사망하는 사고가 일어납니다. 아프가니스탄에서 사는 것이 위험하다고 판단한 그의 어머니는 마수드 하사니와 그의 동생을 어렵게 파키스탄으로 피신을 시켰고, 이후 40차례가 넘게 거주지를 옮기는 난민 생활 끝에 네덜란드에 정착했습니다. 그곳에서 안전하게 디자인을 공부할 수 있었지만, 고통받는 사람들의 얼굴은 머릿속에서 떠나지 않았습니다.

위　마수드 하사니(오른쪽)와 동생 마흐무드 하사니
아래　마인 카폰

값싼 재료와 간단한 제작 방법으로 가난한 이도 쉽게 만들 수 있는 지뢰 제거 방법을 찾고 싶었고, 그 간절한 마음은 어릴 적 가지고 놀던, 바람에 날리는 모빌에서 착안한 마인 카폰을 만드는 것으로 이어졌습니다.

마인 카폰은 마수드 하사니의 디자인대학원 졸업 작품입니다. 제품 디자이너인 그에게 아름다움이란 생명을 살리는 일이었던 것이지요. 소중한 사람을 지킬 수 없는 힘없고 가난한 사람들에게 실질적인 도움을 주는 것이 진짜 예술이었습니다. 그리고 마수드 하사니는 "모든 생명은 소중하다(Every Life Counts)"라는 신념으로 전 세계의 모든 지뢰를 없애기 위해 이 활동을 지속하고 있습니다. 마인 카폰을 만드는 것에서 멈추지 않고, 10년의 연구 끝에 지뢰 제거에 실질적인 효과를 낼 수 있는 '마인 카폰 드론'도 개발했습니다. 마수드 하사니는 자신이 겪은 개인적인 아픔을 딛고 모두에게 이로운 방식으로 창조적 결과물을 만들어낸 아름답고 선한 인간입니다.

오늘날 인류가 직면한 전염병, 빈곤, 전쟁, 기후 위기, 인간 소외, 난민, 차별 등 다양한 문제들은 해결 불가능한 것이 아닙니다. 어떤 문제를 해결하는 것은 결국 가장 중요한 가치가 무엇인지를 생각하고, 그 가치를 지키기 위해 결단하고 실천하는 문제입니다. 그러니 지금 이 위기의 순간, '나'라는 상자 밖으로 나와 세계와 마주하려는 상상력을 갖는 것이 중요하고, 삶의 본질을 잊지 않는 것이 중요합니다.

학교가 잠시 멈추고 일상적이었던 공부에서 벗어난 우리는 지금 생각해볼 수 있습니다. 내가 가장 소중하게 생각하는 가치는 무엇인지, 우리 사회는 어떤 모습인지, 내가 해야 할 일은 무엇인지 말이지요. 왜 그래야 할까요? 내가 하는 어떤 선택과 결정은 이 세계에 반드시 영향을 미치기 때문입니다. 예를 들어 코로나19가 발생한 지 약 4개월 만에 전 세계 3만 명이 사망했는데, 전 세계 대기오염으로 조기 사망하는 수는 연간 700만 명에 달합니다. 내가 산 물건, 내가 타는 차, 내가 쓰는 전기가 어떤 영향을 미칠 것인지 생각하지 않으면 내가 원하지 않더라도 나쁜 결과가 발생합니다. 그렇다면 그 반대 역시도 마찬가지입니다. 매 순간 나의 선택이 세계를 바꿀 수 있다면, 나에게 주어진 자유와 책임을 선하게 발휘하고 싶은 열망이 생겨날 것입니다.

> 체 게바라의 시 「당신의 돌 속에 무엇인가 살아있다」에는 이런 구절이 있습니다. '수 세기를 넘어서 / 당신을 지탱하는 힘은 무엇인가? / 마지막 날에, 어떤 신이 당신의 별에게 / 생명의 숨을 불어넣어 줄 것인가?' 이 시는 막 시작된 21세기를 살아가는 젊은이들에게 보내는 젊은 시인의 경고입니다. 필요한 것은 눈과 귀를 열고, 자신의 감수성이 가슴 왼편에서 맥박치게 하며, 전 세계로 퍼져나갈 수 있는 사랑을 간직하는 것입니다.
> – 빅토르 카사우스, 『체 게바라 자화상(Self Portrait Che Guevara)』 중에서

우리가 살아가는 이 세계, 그리고 우리의 삶은 우리 모두의 선택을 통해 끊임없이 변하기 마련입니다. 정해진 답이 있다고 배우는 지금의 교육 속에서 학생들은 본능적으로 느껴지는 자신의 심장박동조차 억눌러야만 하고, 이 젊은이들의 멈춰버린 심장은 세계를 정지시킵니다. 급변하는 세계의 불완전하고 미완성적인 부분을 새롭고 창조적으로 메워나갈 수 있게 하는 것이 바로 공부여야 합니다.

인간이란 그 자체로서 늘 혁명을 해야 하는 존재이고, 세계와 소통

하며 삶을 창조해야 하는 존재입니다. 우리에게 필요한 것은 인간이라는 가능성을 믿는 것이며, 내 안의 잠재성을 발현하는 것입니다. 그러므로 주어진 것을 잘 이해하는 것이 아니라, 세계에서 일어나는 일을 비판적으로 바라보되, 끊임없이 성장하고 변화하며 새로운 가능성을 개척하고자 하는 낙관적인 의지를 가질 수 있도록 교육은 바뀌어야 합니다. 즉, 공부란 내 삶의 혁명이자 모두에게 이로운 방향으로 나아가는 혁명입니다.

혁명은 완수되어야 하는 것이 분명하지만, 그 모습이 어떠할지는 확정지어 말하기 어렵습니다. 그 어떤 유토피아도, 이상세계도 부재하지만, 그렇기에 더 나은 세상을 향하여 끝없이 혁명을 시도하는 것이 인간에게 주어진 가장 큰 자유입니다. 그 자유를 온전히 누리는 아름다운 인간들이 만들어갈, 모두에게 이로운 혁명은 바로 지금 이 순간부터 시작입니다.

# 1

# 윤리적인 인간으로 진화하라

"리스본은 폐허가 되었는데,
  여기 파리에서 우리는 춤을 추네"

1755년 11월 포르투갈 리스본에서 대지진이 일어나 6만여 명이 사망하는 참상이 발생했습니다. 이때, 당대의 철학자들은 신의 존재를 의심합니다. 당시는 모든 것이 신의 뜻에 따라 움직인다고 생각했기 때문입니다. 그런데 대규모 참사 역시 신의 계시로 생각하기에는 너무나 참혹하고 비통했습니다. 눈앞에서 사람들이 처참하게 죽어가는 모습은 이 세상에 대한 시각을 근본적으로 뒤흔들었습니다. "아, 이 세계는 신이 만든 최선이 아니었다. 이 세계에서 일어나는 비극에 대해 나는 무엇을 해야 하는가!"

당시를 살았던 프랑스 사상가 볼테르는 이러한 시각의 대전환 끝에

2015년 지진으로 임시 천막 생활을 하고 있는 네팔 아이

©나렌드라 슈레스타

"리스본은 폐허가 되었는데, 여기 파리에서 우리는 춤을 추네"라고 말합니다. 한쪽에서는 크나큰 재앙으로 고통 받고 있는 이들이 있는데, 다른 한쪽에서는 축제를 벌이는 이들이 있는 이 세계의 극단적인 모순에 대해 날카롭게 비판하는 문장입니다. 또한 다른 존재의 고통이 왜 이토록 멀게 느껴지는지를 고민하며, 극명하게 대비되는 인간 운명 앞에서 나의 책임에 대한 말이기도 합니다. 대참사 앞에서 지식인으로서 볼테르는 단순히 애도하고 슬퍼하는 것에 그치지 않고, 이 세계에 진짜 필요한 질문이 무엇이고 그에 따라 우리가 어떻게 살아가야 하는지 생각했던 것입니다.

경제학자 아마르티아 센 역시 극단적으로 대비되는 인간의 운명에 대해 절실하게 고민하고 질문했던 사람입니다. 그는 여덟 살 때 목격한 벵갈 대기근 당시의 참상을 잊지 못하고 인생을 걸고 질문했습니다. 왜 그토록 많은 사람이 굶어 죽어야 하는지, 정말 먹을 것이 없어 죽은 것인지, 그 참상을 예방하거나 막을 수 없었는지 말입니다. 그의 끈질긴 질문은 결국 그 문제의 본질을 꿰뚫어 보게 했습니다. 대기근은 식량이 부족해서 일어난 것이 아니라, 농민들이 가난해질 수밖에 없는 구조와 그런 농민들을 외면하는 부패하고 이기적인 권력자들이 일으킨 문제였습니다. 아마르티아 센은 이러한 연구 끝에 양적인 성장만을 추구했던 종래의 경제학을 비판하고, 인간 삶의 질과 역량을 개발하는 새로운 지표를 제시합니다.

> 우리 삶에 대해서만이 아니라, 우리가 살아가는 이 세계에 대해서도 책임감을 가져야 한다. 그렇지 않다면 이는 사회적 지혜가 아니라 지적 항복을 택하는 격이 된다.
>
> – 아마르티아 센, 『세상은 여전히 불평등하다』, 111쪽, 21세기북스

볼테르와 아마르티아 센뿐만 아니라 삶을 내걸고 질문을 던지는 무수히 많은 사람이 있었고, 지금도 그 사람들과 우리는 함께 살아갑니다. 사실 이렇게 간단하게 정리할 수 없을 만큼 그들의 고민은 깊었고, 복잡했고, 어려웠습니다. 딘 한 가지 공통점이 있다면 비극적인 상황을 목격한 최초의 순간에 떠오르는 인간의 본능적인 감정, 비참함이나 절망과 같은 심정을 그냥 흘려보내지 않고 질문했다는 것입니다. 바로 "무엇이 인간인가?"라고 말이지요.

그렇다면 지금 우리가 직면한 이 사태 역시 마찬가지입니다. 코로나19라는 전 지구적 전염병 앞에서 우리는 질문합니다. 도대체 이렇게 고

도로 과학기술이 발달한 사회에서 바이러스에 취약한 세계를 어떻게 이해해야 하며, 계급과 인종과 국가와 빈부의 격차에 따라 고통은 왜 차별적으로 발생하는 것인지요? 이 사건으로 이 세계가 어떤 모습이었는지 수많은 문제가 수면 위로 떠오릅니다. 그렇다면 우리도 질문해야 합니다. 이 순간, "무엇이 인간인가?" 하고 말입니다.

## 다양한 생명체와 공생하는 삶

무엇이 인간인지를 고민하고, 인간이 나아가야 할 길을 탐구했던 영화감독이자 작가인 시릴 디옹은 부조리한 오늘날 세계를 직시했습니다. 그리고 이를 근본적으로 바꾸고자 하는 각국의 과학자와 시민운동가, 기업가, 정치인을 만나 다큐멘터리 〈내일〉을 만들었습니다.

하지만 다큐멘터리의 내용을 들여다보면, 그들이 하고 있는 일이 지금까지 없었던 획기적인 대안을 제시하지는 않습니다. 마을 농업을 통해 식량 자급률을 높이고, 청년들을 교육해 농부를 길러내며, 지역화폐를 만듭니다. 공동체 구성원이 친환경 에너지 설비에 직접 투자하고 소비하는 네트워크를 만들어냈습니다. 사회 문제에 관심을 가지고 있는 사람이라면 어디선가 한 번쯤 들어보았을 만한 일들입니다. 그런데 이를 세계적인 변화의 흐름으로 만들 수 있다면 100억 명의 인구를 먹여 살리면서도 생태계를 복원하고, 토양과 나무에 이산화탄소를 저장하고, 수백만 개의 일자리를 창출할 수 있습니다.

이들이 우리에게 보여준 것은 자본주의의 완전한 해결책이 아닙니다. 하지만 방법적인 측면보다 더 중요한 것은 안락하고 편안한 삶을 기꺼이 중단하고 불편하지만 정직하게 살아가기로 선택한 '용기', 다른 사람도 기꺼운 마음으로, 즐겁게, 때로는 진지하게 동참하도록 이끌어낸 '리더십'이었습니다. 다큐멘터리 감독인 시릴 디옹 역시 본인의 모순도 인정합니다. 다국적 기업의 패권주의를 비판하면서도 리바이스 청바지나 애플의 컴퓨터를 구입하고, 입지도 않을 거면서 지구 반대편에서 만들어진 옷을 사고 온갖 핑계를 대기도 하며, 자전거를 타고 가도 될 거리를 굳이 차로 가기도 한다고 밀입니다. 시릴 디옹은 우리가 뛰어넘지 못할 가장 큰 장애물은 안락함의 유혹이라 말합니다.

그러나 변화를 만들어내는 사람들은 안락함의 유혹에서 벗어나라고, 개인의 희생에 호소하지만은 않습니다. 불편하더라도 지속가능한 방식을 만들어내기 위해서 생산성에 관한 고민을 끈질기게 이어가고, 질문합니다. 다양한 작물을 함께 기르는 방법을 통해 단일작물보다 효율적인 생산을 이루어내고, 친환경 에너지 생산으로 시민들이 직접 투자하고 그로 인한 수익을 얻을 수 있는 선순환 구조를 만들었습니다. 그들은 인류가 일구어온 편리함을 포기하지 않으면서도 인간으로서 존엄한 삶, 다양한 생명체와 공생하는 삶의 방식을 고민하고 있었습니다.


## 인간이라는 가능성

우리는 이제 물어야 합니다. 어떤 원칙에 따라 살아갈 것인가요? 무엇이 우리의 마음을 움직이는가요? 공존의 사실을 망각한 인류에게 미래는 없습니다. 극명하게 대비되는 운명이, 그 부조리가 불편한 것은 세상에서 일어나고 있는 일 중 나와 관련되지 않은 일은 없기 때문입니다. 이 세계의 모든 것은 끝끝내 나와 연결되어 있고, 이 세계에서 일어나는 모든 일은 나의 책임입니다. 그 사실이 부담스럽게 느껴지기도 하지만, 동시에 내 안에 내재한 가능성을, 그중에서도 선한 본성을 가장 극대화할 수 있는 지점이기도 합니다.

아이들에게는 이론적 지식뿐만 아니라 새로운 의식도 필요하다. 지구와 인류를 서로 의지하는 하나로 보아야 한다. 그러려면 아이들에게 공감하고 협동하는 능력(경쟁보다), 인류의 기원인 자연과 관계 맺을 수 있는 능력을 키워주어야 한다.

이런 능력이 발현되는 것을 가로막는 가장 큰 장애물은 빈곤과 삶의 고단함이다. 따라서 우리는 아이들이 친환경적이고, 협동적이며, 올바른 사회를 건설할 수 있도록 해줄 자원을 찾아야 한다. 또 이를 바탕으로 아이들이 행복, 자아발견, 스스로를 돌보는 능력을 개발하고 각자가 자신의 재능과 열정을 발견할 수 있도록 해주어야 한다. 무엇보다도 아이들이 자신의 재능과 열정을 인류사회, 특히 그들이 사는 사회를 위해 쓰도록 이끌어줄 수 있어야 한다.

— 시릴 디옹, 『내일: 새로운 세상이 온다』, 377쪽, 한울림

교육은 바로 그 가능성을 여는 과정입니다. 아이들에게 어렵고 불가능해 보일지라도, 새로운 시도를 해볼 용기를 주는 것이 바로 삶을 위한 공부인 것입니다. 그러므로 공부는 일상이 불편하고 때론 고통을 감내

하더라도 우리의 일상에 만연한 무감각을 일깨우는 일입니다. 플라스틱이 주는 편리함에서, 화석연료가 주는 안락함에서, 낭비하는 소비 양식이 주는 풍요로움에서 벗어나기 위한 시도입니다. 우리 인간이 스스로의 가능성을 한정하지 않고 가장 거시적 정체성인 '인간'을 볼 수 있도록 하는 힘이 바로 공부입니다.

그러므로 진정한 공부는 국가를 넘어 종교를 넘어 우리가 속한 이 거대한 공동체를 보게 합니다. 기나긴 생명의 시간 속에 인류가 있고, 광활한 자연 속에 인간이 있다는 사실을 상기하게 하지요. 인간은 자유롭고자 할 때만 자유로울 수 있고, 윤리적으로 행동하고자 할 때만 인간다울 수 있습니다. 바로 그러한 의지가 우리 삶을 무한한 가능성으로 이끌어줄 것입니다.

# 2

# 아름다운 세계를
# 향한 의지

## 시대의 현실을 직시할 용기가 있습니까?

예술가 크리스 조던은 현대자본주의가 낳은 대량 소비문화 속에서 인간의 무의식적인 행동이 세계에 어떤 결과를 낳는지를 깊이 있게 탐구하고 이를 사람들에게 알리는 역할을 해왔습니다. 크리스 조던은 사람들의 행동이 쌓이고 쌓이면 재앙이 될 수 있다고 말합니다. 크리스 조던은 인간 행동의 참담한 결과를 아름다운 예술 작품으로 승화하여 전달하고 있습니다. 환경 파괴에 대해 단순한 문제 제기나 현실 고발을 넘어, 개인의 삶을 관통하는 사회적, 구조적인 문제와 이를 극복해 나갈 수 있는 예술저 상상력을 요청합니다.

그런 크리스 조던이 태평양 미드웨이섬에서 알바트로스를 비롯한 바닷새들이 인간이 버린 플라스틱 쓰레기로 죽어가는 모습을 담아 만든

다큐멘터리 영화가 〈알바트로스〉입니다. 크리스 조던이 8년 동안 북태평양 미드웨이섬을 오가며 느꼈던 가장 힘들었던 점은 바로 인간인 우리가 아는 것을 알바트로스가 모른다는 사실이었다고 말합니다. 인간이 쓰고 버린 쓰레기들을 먹이인 줄 알고 새끼의 입으로 건네주고, 궁극에는 그것이 자기 새끼의 목숨을 앗아가고 있다는 사실을 알게 되면 그들의 가슴은 무너져내릴 것입니다. 과연 그 슬픔과 절망에 우리는 어떻게 사죄할 수 있을까요? 우리가 저지른 거대한 실수에 어떻게 책임을 질 수 있을까요? 이토록 무기력하고 나약한 인간인 우리는 무엇을 어떻게 해야 하는 것일까요? 그의 사진과 영화는 우리가 어렴풋이 알고 있던 문제 상황을 아주 멀리서부터 보게 한 후, 가장 근접한 모습으로 그

현실을 눈앞에 펼쳐놓습니다. 동시에 막연하게 머릿속에 그렸던 자연의 위대한 아름다움 역시 그 찬란함을 느끼도록 만들어줍니다. 그래서 그의 작품은 우리에게 온몸으로 고통을 감각하고 온 마음으로 문제를 통감하게 하는 힘이 있습니다.

크리스 조던은 영화 〈알바트로스〉에서 이렇게 질문합니다. "당신은 시대의 현실을 직시할 용기가 있습니까? 당신은 깊이 공감하고 스스로를 변혁하여 우리의 미래를 바꿀 수 있겠습니까? 아름다움의 눈을 통해서 절망의 바다를 지나 그 너머로 가는 이 여정에 함께 하시겠습니까?" 이 질문은 우리에게 아주 준엄하게 다가와야 합니다. "아, 우리 인간이 위대한 것이 아니었다, 우리는 발전하고 있었던 것이 아니라 스스로를 파괴하고 있었던 것이다. 인간은 홀로 이 세계를 살아가고 있는 것이 아니다. 우리의 존재 방식은 이제 무엇이 되어야 하는가?"

지금 이 순간에도 지구상에는 인간 활동의 결과로 무수한 생명이 죽어가고 있습니다. 인간의 문명이 나타난 이후 지구상 모든 생명체의 0.01%에 불과한 인간은 야생 포유류의 83%, 해양포유류 80%, 어류 15%, 그리고 식물의 50%를 멸종시켰습니다. 멸종 속도는 점점 더 빨라져서 지난 50년 사이에만 지구상 동물의 절반이 사라졌습니다. 이 같은 인간의 자연 파괴행위가 6,500만 년 전 공룡을 멸종시킨 제5의 대멸종에 이어 6번째 대멸종을 부를 것이라는 경고는 비현실적이지 않습니다.

이뿐만이 아닙니다. 2017년 세계 이산화탄소 배출량은 역사적으로 최고 기록을 경신했습니다. 산업혁명 이후 급격히 진행된 지구온난화와 이로 인한 이상 기후는 빙하를 녹이고 해수면의 높이를 상승시켰습니다. 이에 따라 인간이 거주하던 삶의 터전이 수면에 잠기면서 발생하

게 된 기후난민이 기하급수적으로 늘어나고 있습니다. 이런 기후 변화로 살아갈 곳을 잃게 된 기후난민이 2050년까지 1억 4천여 명에 도달할 것이라고 합니다. 또한 기후 변화는 자연재해의 규모를 비약적으로 증폭시켜서 인간 삶의 터전을 모두 잠식시킬 만큼의 폭우를 동반한 홍수, 태풍, 허리케인 등의 빈도를 증가시키는가 하면, 다른 한쪽엔 극심한 가뭄과 산불, 사막화를 일으키고 있습니다. 기록적인 한파와 폭염이 번갈아 가며 생명을 위협하고 있습니다. 기후 변화는 많은 나라와 국민을 긴급한 경제적, 사회적 실존적 위기로 몰아가고 있습니다.

태평양에는 한국 땅의 서른아홉 배나 되는 쓰레기 섬이 있고 이를 일곱 번째 대륙이라고 부르기도 합니다. 환경학자들은 2050년이 되면 바다에 살고 있는 모든 생명체보다 쓰레기가 더 많아질 것이라고 관측합

니다. 바다에 떠다니는 쓰레기 중 70% 이상이 플라스틱입니다. 이 플라스틱을 먹고 수많은 동물이 때 아닌 대학살을 당하고 있습니다. 플라스틱 중 모래 알갱이의 1/50 크기인 미세플라스틱은 물고기와 다른 동물들을 통해서, 그리고 우리가 마시는 물을 통해서 인간의 몸속으로 들어오고 있습니다. 미세플라스틱이 생명에 어떤 영향을 미칠지 아직 밝혀진 바가 없으니 불안은 더 커지고 있습니다.

인간이 버린 쓰레기로 죽어가는 알바트로스를 찍은 크리스 조던을 떠올려봅시다. 8년간 그는 태평양 한가운데에서 끝이 보이지 않을 정도로 무한히 펼쳐진 푸르른 수평선을 바라보고, 또 바라보았을 것입니다. 매일 플라스틱을 먹고 죽어가는 알바트로스를 보며 눈물 흘렸을 것입니다. 차마 눈 뜨고 보기 어려운 고통스런 현장이지만 여기에서 눈을 떼지 않고 그 안에서 생명과 자연의 아름다움과 사랑을 발견하였을 것입니다. 그래서 크리스 조던은 플라스틱을 줄이면 된다는 식의 결코 쉬운 해법을 제시하지 않았습니다. 오히려 문제는 우리 내면에 있다고 말합니다. 세계가 이토록 큰 고통과 비극적인 상황에 처해 있는데도, 그것을 전혀 느끼지 못하는 우리의 가슴에 말입니다. 소외된 존재들이 죽어나가는 이 모습을 직시하고, 우리의 정체성을 뒤흔드는 질문이 문제들을 해결할 수 있습니다.

## 아름다움의 눈을 통해 절망의 바다 그 너머로

크리스 조던은 이토록 아름답고 무고한 생명체의 목숨을 앗아가는 우리의 문화를 돌아보자고 말합니다. 그리고 그렇게 죽어가고 있는 알바트로스를 향한 깊은 애도와 슬픔을 외면하지 말자고 합니다. 크리스 조던에게 애도는 강력한 사랑으로 가는 문이기 때문입니다. 그는 우리가 함께 이 문제에 대해서 진심으로 애도하고 슬픔을 공유할 수 있다면 훨씬 빨리 문제를 해결힐 수 있을 깃이라고 말합니다.

사라져가는 모든 생명을 애도하고, 아름다움을 느끼며, 존재 자체를 사랑하라고 말합니다. 결국 이 모든 것을 해결할 힘은 사랑에 있습니다. 크나큰 슬픔과 고통과 비통함과 처절함을 경험하고 그것을 뚫고 나가는 힘은 오직 사랑으로만 가능합니다. 사랑이 결코 나약하다고 할 수 없는 것은 이 세계가 직면한 어려움에 맞서 평생을 저항했던 이들이 공통적으로 경험을 통해 찾아낸 진리이기 때문입니다. 그러므로 우리에게 필요한 것은 바로 그 사랑의 힘을 찾는 것입니다. 그 뜻이 무엇인지를 온몸으로 깨닫는 것입니다. 그저 말에 현혹되는 것이 아니라, 스스로 그 의미를 온전히 받아들일 수 있을 때, 사랑은 우리 삶의 원칙이 될 것입니다.

> "모든 인간의 마음 깊은 곳에는 태어나서 죽는 그 순간까지도 꺼지지 않는 기대가 있다. 잔혹한 범죄나 고통을 범하거나, 겪거나, 목격하면서도 선하고 좋은 일들이 분명 생길 것이라는 염원 말이다. 이것이야말로 모든 인간 존재가 가진 가장 존귀한 본성이다."
>
> – 시몬 베유, 「인간 본성에 대하여(Human Personality)」 중에서

아름다운 것은 멀고 하염없을지라도, 사랑을 실천할 길이 그 어떤 지도 위에도 없을지라도, 분명 이 세계를 구축한 것은 선하고 정의로운 마음들이라는 것은 인류의 역사가 증명하는 바입니다. 아직 이 믿음이 지배하는 세계는 도래하지 않았지만, 분명 오고야 말 것입니다. 세상에는 같은 꿈을 꾸는 사람들이 이미 많기 때문입니다.

지금 우리 세계의 모습이 부정의하고 비참하더라도 그것을 회피하지 않고 있는 그대로 바라봐야 합니다. 그럴 때 비로소 세계의 진실과 아름다움이 우리 눈앞에 드러나게 될 것입니다. 오직 사랑을 실천하는 사람만이 세상을 아름답게 구원할 수 있으리라 믿습니다.

# 3

# 공생의 시대를 여는
# 담대한 결단

우리는 어디서 왔는가, 우리는 무엇인가,
우리는 어디로 가는가?

지구 역사를 지질학적으로 대(era), 기(period), 세(epoch)로 나눕니다. 21세기 인류는 신생대 제4기 홀로세(Holocene)에 살고 있습니다. 학자들은 인구와 소비량이 급격히 증가한 20세기 중반부터 지구는 '인류세(Anthropocene)'에 접어들었다고 말합니다. 지금은 인류를 위한, 인류에 의한, 인류만의 시대라는 뜻입니다. 2000년 이를 제안한 파울 크뤼천은 인간 활동으로 지구 육지의 1/3에서 절반 정도가 변형되고, 대기의 구성요소가 바뀌었다고 말합니다. 또한, 과학기술이 발달하고 알루미늄, 콘크리트, 플라스틱, 인공 방사성 물질 같은 새로운 물질이 나타나기도 했습니다. 새로운 지질 시대로 진입했다고 할 만큼 지구는 인간으로 인해 이미 충분히 변했다는 것입니다.

먼 미래의 지질학자들은 이 인류세를 어떻게 볼까요? 그들은 아마 다른 세와 확연히 구별되는 새로운 화학 물질이 있는 지층과 만날 것입니다. 또 기후 변화로 인한 물리적. 화학적 흔적들도 알아볼 것이지요. 갑자기 지구 전역에서 인류 시대 이전의 동식물이 사라지고, 그 대신에 인류가 기르고 많이 먹었던 동식물의 잔해가 풍부하게 나타난다는 사실도 알아차릴 것입니다. 기계의 파편과 치명적인 무기들이 전시되었던 진짜 박물관도 발굴할 거예요. 미래의 지질학자들은 "인류세는 급속한 기술 발전과 최악의 인간 본성이 결합된 불행한 시대였다. 인류뿐만 아니라 다른 모든 생명에게도 끔찍하기 그지없던 시대였다"라고 말할지도 모릅니다.

사회가 얼마나 불평등한지는 소외되고 약한 사람을 보면 알 수 있습니다. 말하지 못하는 생명의 죽음은 우리 사회의 불평등을 적나라하게 보여줍니다. 인류는 경제개발을 통한 더 나은 삶을 산다는 명목으로 끊임없이 약한 자들을 배제해왔고, 환경을 파괴했습니다. 이제 인간은 역사상 최초로 인간 스스로를 파괴하는 지경에 이르렀습니다. 인류가 이 문제에 대해 제대로 대처하지 못한다면, 이제 지구가 인류에게 이곳에서 살아갈 자격이 있는지를 묻게 될 것입니다.

따라서 지구환경의 위기는 인류가 처한 가장 절박한 문제입니다. 인류에게 희망은 있는가. 생명은 지속할 수 있는가. 지구환경과 인류의 미래에 대한 수많은 비관론이 쏟아집니다. 그러나 그런 비관과 냉소를 뚫고 우리는 우리가 할 수 있는 일을 해야 합니다. 그것은 우리가 무엇을 해야 할지를 결정하는 것입니다. 그 결정을 위해서 우리는 스스로에게 질문을 던져야 합니다. 인간은 무엇이며, 우리는 어디로 가야 하는지, 우리는 절실하게 묻고, 또 묻고, 다시 물어야 합니다. 하지만 우리는 질문하는 법을 잊고 살고 있는지도 모릅니다.


## 인간 존재의 의미

　사회생물학의 창시자이며 개미 연구의 권위자, 거장 생물학자인 에드워드 윌슨은 이렇게 되묻습니다. "대체 인류는 어디로 가는 것일까? 한 세를 만들 만큼 큰 변화를 일으키는 우리 인류는 제대로 살고 있는 것일까?" 에드워드 윌슨은 생물다양성(Biodiversity)이라는 단어를 처음 쓴 사람이기도 합니다. 그는 지구에 사는 생물종 다양성을 중요하게 생각합니다. 그런데 그저 우리 인간에게 도움 되는 생물들만 보존해도 될 텐데 왜 다른 생물이 다양하게 사는 것이 중요할까요? 그 이유를 에드워드 윌슨은 생태계 연구가 여전히 덜 발달했기에, 그 상호 작용에 관한 우리의 지식은 너무나 부족하기 때문이라고 말합니다. 그렇기에 어느 한 생물이 멸종했을 시 우리는 무슨 일이 일어날지 아무것도 모른다고 말이죠. 윌슨은 지구가 쑥대밭이 되기 전에 파괴를 멈추어야 한다고 말합니다. 삶의 의미를 이해하는 것이 과학과 인문학의 원동력이라면 이를 제대로 사유하고 공부해서 인간은 현명하게 행동해야 한다고 말합니다. 인간이 천혜의 자연을 해치기보다, 지구의 중요성을 알고 지키기 위해 행동하는 존재로 거듭나야 합니다.

## 생명의 터전을 지키기 위한 제안

육지의 15%, 바다의 2%가 자연보호구역으로 지정되어 있습니다. 이것을 다시 말하면 우리는 지구의 83%를 쓰고 있습니다. 에드워드 윌슨은 자연보호구역을 확대하여 인간이 지구의 절반만 쓰고, 절반을 다른 생물종에게 내어주자고 말합니다. 우리와 함께 사는 생물과 그들의 서식지를 사랑하는 마음으로 이것을 실천하면 종의 약 85%가 살아남는다고 합니다. 그 절반 안에 멸종 위기에 처한 종의 수가 가장 많은 곳인 '중점 지역'을 포함한다면, 살아남는 종의 비율은 더 높아질 수 있습니다. 인간이 지금 하고 있는 보전 활동은 일시적일 수 있습니다. 최상의 시나리오에서도 심각한 생물다양성 상실이 일어날 것입니다. 전 세계의 멸종위기 동물은 2만 2천여 종이라고 합니다. 지금처럼 단편적으로 노력해서는 생물들의 죽음을 막을 수 없습니다. 보전을 지금처럼 국가 예산의 사치 항목으로 취급하는 한, 생물다양성은 대부분 사라질 것이 확실합니다. 종이 여전히 살아 있기를 바란다면, 문제의 규모에 걸맞게 인간의 노력도 키우는 수밖에 없습니다. 지속되고 있는 대량 멸종, 또 그에 따른 유전자와 생태계의 소멸은 범유행병, 세계 대전, 기후 변화에 못지않게 인류가 스스로 가하는 가장 치명적인 위협에 속합니다. 에드워드 윌슨은 이 지구의 절반을 지키는 것이 가능하다고 말합니다.

우리는 인문학과 과학이 지금까지 우리에게 알려 준 것보다, 우리 자신과 나머지 생명을 훨씬 더 깊이 이해할 필요가 있다. 나는 지구의 절반이나 그 이상을 보전 구역으로 설정해야만, 환경을 이루는 생물들을 구하고 우리 자신의 생존에 필요한 안정을 이룰 수 있을 것이라고 굳게 믿는다. (중략) 어렵기는 해도 판 자체를 바꾸고 보편적인 혜택을 제공할 수도 있을 큰 목표를 선택하는 것도 우리의 본성이다. 모든 생명을 위해 역경을 무릅쓰는 것이야말로 가장 고귀한 형태의 인간성일 것이나.

– 에드워드 윌슨, 『지구의 절반』, 14~16쪽, 사이언스북스

윌슨의 이 원대한 제안은 아주 오래전부터 시작되었습니다. 2002년 출간한 『생명의 미래』에서 윌슨은 헨리 데이비드 소로의 오두막이 있는 월든 호수를 찾아갔다고 말합니다. 헨리 데이비드 소로는 문명에 반

대하며 자급자족의 삶을 실험하기 위해 월든에서 2년 2개월을 지낸 미국의 사상가입니다. 월슨은 자신보다 112세 많은 소로에게 편지를 씁니다. 편지에는 월슨이 연구의 기초를 소로로부터 배웠고, 그 질문을 도출하는 것은 우리의 몫이라 합니다. 소로는 월든에서 미명의 물가 너머에서 들려오는 멧비둘기의 구구거림과 개구리의 개굴개굴 소리가 이곳을 지켜야 할 진정한 이유라고 했습니다. 한 생명을 소중하게 생각하는 이 마음이 100년 후 월슨에게 가닿았던 것이지요. 이렇듯 인간은 자신의 삶을 더 나은 방향으로 만들기 위해 노력하고, 그를 위해 질문을 하는

존재입니다. 윌슨이 이야기한 인간의 고귀한 본성이란 이런 것이 아닐까요? 만일 질문에 대한 해답을 지금 내가 찾지 못한다고 해도 다음 세대가 넘겨받고, 이 대답은 시간이 지나며 질문이 더 깊어지고 그 과정을 통해 문제를 해결할 희망이 있습니다. 소로의 질문을 받아 한평생을 생명에 대해 연구한 윌슨의 질문을 우리는 다음 세대로서 넘겨받았습니다. 지구의 절반을 인류가 아닌 다른 생명을 위해 쓰자는 윌슨의 제안처럼, 단호한 결의를 통해 이루어내야 할 책임이 우리에게 있습니다. 생명을 위해 불가능에 도전하는 것은 인류의 가장 숭고한 본성입니다. 이 고귀한 본성에 희망을 품고 에드워드 윌슨으로부터 넘겨받은 질문에 대한 해답을 찾아봅시다.

과학자들은 인류를 위한, 인류에 의한, 인류만의 시대를 인류세라고 표현합니다. 인류세란 홀로세와 구별되는 오늘날의 지질 시대를 지칭하는 명칭입니다. 인류가 등장한 후 지구 환경이 과거와 같은 지질시대로 묶일 수 없을 만큼 확연히 변화했기 때문에 고안된 개념이지요. 여러분은 인류세를 어떻게 정의하고 싶나요? 무엇이 지금 인류를 설명할 수 있는 지표인가요?

· 박시현(16세) ·

『지구의 절반』에서 에드워드 윌슨은 "자기 이해에는 생각하는 사람들이 대체로 외면하는, 끊을 수 없는 사슬이 하나 있다. 자기 이해로부터 언는 교훈 중 하나는 우리가 신이 아니라는 것이다"라고 합니다. 저는 이 문장을 보고 인간의 자기중심적 가치관에 대해 생각해보았습니다. 인간은 매우 약한 존재입니다. 그럼에도 인간은 왜 자신들을 신처럼 여기고, 중심에 세우려 하며 생태계를 지배하려 할까요? 제가 생각할 때, 이런 마음을 가지는 가장 큰 이유는 우리가 태초부터 그래왔기 때문이라고 생각합니다. 늘 우위에 섰던 건 더 뛰어난 지능을 가지고 있던 인간들이었지요. 그런데 인간은 우위에 서는 것으로 만족하지 않고 정복하려 하며 당장 자신들의 편의를 위해 생태계를 해치며 되돌릴 수 없을 미래를 만들고 있습니다. 이런 우리의 세계관이 지구를 플라스틱 쓰레기나 우리가 먹은 닭뼈로 뒤덮게 하지 않았을까요?

우리가 버린 것들로 지층까지 구분되어 '인류세'라고 불린다니 끔찍합니다. 지금은 물론 수많은 환경운동가의 목소리를 듣고 돌아선 사람들도 있습니다. 반면에 꿈쩍도 하지 않고 어두운 미래를 만들고 있는 사람들도 여전히 많지요. 이대로 계속되었을 때의 결과가 정말 심각해진다는 것을 알고, 그 위험을 경고하는 교육이 필요하다고 생각합니다. 이를 통해 우리 인간이 다른 생명과 눈높이를 맞추고, 모두가 동등한 위치에 있다고 생각할 힘을 길러야 합니다.

· 전태화(16세) ·

어떤 사람들은 지구가 파괴되고 있지만, 우리는 훼손된 이 상태에 적응해야 한다고 말합니다. 그래서 생태계가 이렇게 파괴되어도 괜찮다고 말하지요. 이들이 말하는 인류세는 인류만의, 인류가 가장 영향력이 큰 시기라는 뜻입니다. 하지만 저는 '과연 인류만의 시대가 올까?'라고 질문해봅

·· 3장. 공부는 모두에게 이로운 혁명이다

니다.

인간은 혼자서 살 수 없습니다. 지금의 문명은 멸종된 식물, 동물들과 자연의 광물, 오염된 물과 공기 등 자연 위에서 터전을 잡고 지속할 수 있었습니다. 그런데 이에 보답하지 않고 인간만의 세상을 만들어 자연을 파괴하는 것을 당연시 여긴다는 사실이 참 슬픕니다. 저는 인류세가 자만이라고 생각합니다. 인간도 자연의 일부이면서 그것을 무시한 자만 말이지요. 이렇게 인류만의 시기가 계속되어 인간은 지구가 멸망할 때까지 살수 있을까요? 이것은 장담할 수 없습니다. 자연에게 많은 것을 받아온 우리가 문명을 지속하고, 계속 살아가기를 원한다면 자연에 보답하여야 합니다.

· 양서영(18세) ·

인류는 역사상 많은 것을 창조하고 또 파괴해왔습니다. 과학자들이 지금 시대를 인류세라고 칭하는 것 또한 인류가 돌이키기 어려울 만큼 지구 환경을 파괴했다는 뜻이겠지요. 그렇다면 무엇이 그 인류세를 설명할 수 있는 지표일까요? 저는 바로 생물다양성이라고 생각합니다. 생물다양성은 경쟁 종의 개체 수, 기후 변화, 서식지 넓이 감소 등 많은 요소로부터 영향을 받습니다. 그런데 경쟁 종의 개체 수 변화, 기후 변화, 서식지 파괴는 모두 인간 활동의 산물입니다.

게다가 윌슨은 인류가 출현하기 전보다 생물의 멸종 속도가 100~1,000배 더 빨라졌다고 말합니다. 이 상황에서 과연 생물다양성의 몰락보다 인간 활동을 잘 설명할 지표가 있을까요? 그럼에도 불구하고 저는 인류세가 그저 끔찍했던 시대로만 기억되지 않길 바랍니다. 만약 그렇게 기억에 남는다면 인류는 그저 지구를 파괴하고 이용만 한 종으로 남을 테니까요. 대신 저는 인류세를 인간이 자신의 잘못을 깨닫고 지구상 모든 생명을 위해 노력했던 시기로 정의하고 싶습니다. 몇 세기 동안 이뤄진 인간 활동이 인류 출현 전으로 돌릴 수 없을 만큼 지구를 황폐화한 것처럼 보이더라도, 다시 그 이전으로 돌리기 위해 노력한 시대가 '인류세'가 되길 바랍니다.


## 인간이 지구와 다른 생명체들에게 가져야 할 책임은 무엇인가요?

· 전태화(16세) ·

친구가 장난으로 "너 왜 살아?" 하고 물었을 때 화를 내는 사람은 있을 수 있어도 실질적으로 자신의 존재 이유를 답할 수 있는 사람은 몇 안 될 것입니다. 이런 문제에 대하여 존재 의미를 생각하는 것보다 내가 태어나서 이 한 번의 생에 무엇을 할 수 있는가가 더 중요하다고 생각합니다.

에드워드 윌슨은 생명 세계가 절망적인 상태에 있다고 말합니다. 우리는 피부로 느낄 수 있습니다. 오늘 하루만 해도 쓰레기가 버려져 있는 학원 골목, 기침이 절로 나오는 거리, 숲을 베어버리고 햇빛을 볼 수 없게 만든 고층 아파트를 만나게 되지요. 혹시 이런 거리를 걸으며 어떤 생각을 하셨나요? 혹시 더럽다는 생각만 하고 가만히 있었나요? 평소 우리는 이렇게 살아갑니다. 더럽다고 생각하는 것들이 언제나 우리 곁에 있습니다. 하지만 우리가 이에 대하여 불평할 수 있는 처지는 결코 되지 못합니다.

· · 3장. 공부는 모두에게 이로운 혁명이다

일상을 살펴봅시다. 교실 쓰레기통을 가득 채운 쓰레기들, 가까운 거리도 차를 타고 다니며 내뿜은 매연, 손 씻을 때 흘러간 물. 이렇게 자연을 함부로 사용하면서 더러워진 자연에 불평할 수가 있을까요? 알게 모르게 하는 나의 행동이 자연을 더럽히고 있다는 것을 알면서도 고치지 않는 모습부터 고쳐야 합니다. 우리가 태어나서 이 한 번의 생을 자연과 함께 살아가고 그들을 지킬 수 있는 사람들로 살면 좋겠습니다.

· 김지성(16세) ·

우리가 자신이 사는 곳을 멋대로 하는 것을 보며 마치 모든 생명을 통치하는 것처럼 느낄 때가 있습니다. 하지만 저는 인간이 지구를 통치할 수 없다고 생각합니다. 『지구의 절반』에서 에드워드 윌슨은 "섭리에 따라 그 세계를 통치하도록 정해져 있던 것도 아니었다. 생물권은 우리에게 속해 있지 않다. 우리가 생물권에 속해 있는 것이다"라고 합니다. 저는 이 말에 동의합니다.

지구는 인간과 다른 생물들이 공존해야 하는 곳입니다. 인간 사회에서도 강한 자가 통치하는 사회는 좋지 않다고 생각합니다. 인간은 동물의 말을 들어줄 수 없습니다. 하지만 동물이 고통스러워하는 모습은 알 수 있습니다. 그렇기 때문에 지구 생태계를 인간의 마음대로 부수는 것은 옳지 않다고 생각합니다.

지구에 대한 책임감을 어떻게 가질 수 있을까요? 우리가 생태계의 파괴에 대해 인지하고 직접 그들의 고통을 보려는 노력을 해야 한다고 생각합니다. 예를 들어볼까요? 저는 오늘 학교에서 인쇄용 종이를 10장 정도 썼습니다. 종이는 문구점에 가면 살 수 있지요. 그런데 흰 종이를 보면 나무를 베어 만들어졌다는 생각이 전혀 안 듭니다. 왜냐하면, 종이에는 나무의 고통이 보이지 않기 때문입니다. 우리가 종이를 흥청망청 쓴다면 숲이 파괴될 것입니다. 그러면 언젠가는 인간들이 숨을 못 쉬게 되겠지요. 종이가 우리에게 오기까지 그 과정과 원료인 나무를 생각하고, 종이를 쓰면서 생길 수 있는 일을 상상해보면 낭비를 줄일 수 있습니다. 더 나은 세상을 상상하고 그것을 실현하기 위한 해결책을 제시하며 실천하는 것이 인간이 존재하는 이유라고 생각합니다.

윌슨은 생물다양성의 지도를 새롭게 다시 그리고 자연과 인간 활동의 관계를 밝힌다면 최대로 많은 종을 보호할 수 있는 최적의 장소를 찾을 것이라 말합니다. 여러분이 생각할 때, 지구의 절반을 지키기 위해 개인적으로, 구조적으로 어떤 노력이 필요할까요?

· 조영빈(14세) ·

저는 사실 '지구의 절반' 프로젝트를 처음 들었을 때, '이것이 과연 가능할까' 의문이 들었습니다. 우리 인류는 이미 자연을 많이 파괴했고 피해를 줬기 때문에 엎질러진 물이라고 생각했습니다. 그런데 다시 생각해보니 이 엎질러진 물을 다시 한번 채워 담는 것을 못할 것도 없다는 생각도 들었습니다. 마치 고롱고사 국립공원을 폐허로 만들었던 인가이 그 공원을 아름답게 재건했던 것처럼 말이지요.

디자이너 마르코 카스트로 코시모라는 사람은 '그래스 버스'를 만들었습니다. 이것은 지붕에 정원이 있는 버스입니다. 버스 지붕에 화초가 잘 자랄 수 있는 개량된 흙을 깔고 식물을 심은 것이지요. 물은 버스 에어컨을 작동할 때 나오는 물을 씁니다. 이 버스는 다른 버스보다 더 시원하기도 하지요. 화초가 직사광선을 차단하기 때문입니다. 그래스 버스가 달리는 도로, 사람이 사는 도시와 자연이 어우러진 모습은 참 아름다웠습니다. 이렇게 자연과 사람이 공존하는 곳을 만들 수 있을 것으로 생각합니다.

· 김나연(15세) ·

지구 전체의 보전 지역을 점점 늘려가는 것이 중요합니다. 우리나라에도 자연보호구역이 있습니다. 바로 비무장지대입니다. 이곳에는 4,800종의 생물이 살고 있습니다. 그중 멸종위기 생물은 91종입니다. 비무장지대의 면적은 1,557$km^2$로 전체 국토 면적의 1.6%밖에 되지 않지만, 이곳에 사는 생물종은 한국에 서식하는 생물종 전체의 20%입니다. 그리고 여기는 91종의 멸종위기 생물이 살고 있습니다. 이는 한국에서 사는 멸종위기 생물의 41%입니다.

이렇게 다양한 종이 보존되어 있는 이유가 무엇일까요? 지금까지 비무장지대에 사람들이 거의 들어가지 않았기 때문입니다. 저는 나라마다 적어도 10개 이상의 환경을 보호하는 구역이 있으면 좋겠습니다. 크기는 그나라의 크기에 비례해서 말입니다. 그 구역은 사람의 출입을 엄격히 제한하고 담당자만이 드나들 수 있게 하여 멸종위기종 같은 동식물을 돌봐주면 좋겠습니다.

 지구의 절반을 다른 생물에게 양보하는 것은 혼자 할 수 있는 일이 아닙니다. 지구 절반의 동의를 구해야 하죠. 빼앗아 쓰다가 새삼 자연의 것임을 깨닫고 돌려준다는 게 쉬운 일은 아닙니다. 우선 사회적으로 전체적인 인구의 분포를 조정해야 합니다. 적어도 10년 전 수준으로 돌려놓은 뒤에 가장 파괴가 덜 된 소도시와 지역 공동체를 거점 삼아 조금씩 서서히 이주하면 어떨까요?

 주의할 점은 문화와 사상을 통합하는 것인데, 이 과정은 매우 민감한 폭발물을 대하는 것과 같아서 섞는 방법보다는 각자의 것을 존중하는 태도가 중요합니다. 지역을 중심으로 의회를 구성하되, 모두를 대표할 수 있는 거대한 의회가 만들어짐과 동시에 수평적 구조로 원활하게 소통해야 합니다.

 각 국가는 환경 단체와 학계의 저명한 인재들로 구성된 자문 위원회의 도움을 받아 인간과 자연이 공존할 수 있는 방법을 모색해야 하며 이 과정에서 금전적 이득만을 취하려 하거나 계속해서 과거의 세속적인 차원에 머무려고 하는 사람들은 과감히 내쳐야 합니다. 개인적 차원에서는 감시와 협조를 중심으로 각자의 자리에서 최대한의 관심을 가지고 세상을 바꾸기 위해 힘을 모아야 합니다. 존중과 배려를 몸에 익혀 절반으로 축소될 인간의 자리에서 화합하고 존중해야 자연도 살리고 인간도 살 수 있습니다.

윌슨은 지구의 절반을 지키는 것은 마음만 먹으면 할 수 있으며, 이 실천이 가장 고귀하고 숭고한 인간의 본성을 통해 가능하다고 합니다. 여러분은 인간이 어떤 본성을 가지고 있다고 믿나요? 그것을 통해 가능한 것은 무엇인가요?

· 하경준(14세) ·

에드워드 윌슨은 인간은 고귀한 본성을 가지고 있으며, 그 본성을 통해 다른 생명과 공존하는 것이 가능하다고 말합니다. 하지만 저는 우리들이 자연을 파괴하고 무질서하게 하는 걸 보면서 과연 인간의 본성이 선한지 의문이 생겼습니다. 그런데 모든 사람이 그런 것은 아닙니다. 제 주위에도 자기가 버린 쓰레기가 아니지만 직접 줍는 사람도 있고 열심히 많은 나무를 심는 사람들이 있습니다. 그래서 저는 나쁜 사람과 착한 사람이 있는 것이 아니라, 착한 행동을 하는 사람과 나쁜 행동을 하는 사람만 있다고 생각합니다.

만일 인간의 본성이 나쁘다고 믿는다면 길에 쓰레기를 버리는 사람에게 그 사람의 본성이 나쁘고 이건 어쩔 수 없다고 여길지 모릅니다. 하지만 윌슨처럼 인간이 선한 본성을 지닌다고 믿는다면 우리가 무관심하게 환경을 파괴하는 지금, 나와 상관이 없다고 넘기는 일들을 막을 수 있다고 생각합니다. 사람의 본성은 고귀하고 숭고하다 믿으면 쉽게 생명을 죽일 수 없습니다. 오히려 살릴 수 있습니다. 빙하가 녹아서 살 곳이 점점 없어지는 북극곰도, 기후 변화나 자연환경의 파괴로 멸종 위기에 처한 여러 동물도 인간의 선한 본성으로 구할 수 있다고 생각합니다.

· 조영빈(14세) ·

저는 모든 인간이 양심을 가지고 있다고 생각합니다. 그 양심이 있어 우리는 올바른 일을 못할 때 수치심을 느낍니다. 인간은 자연을 파괴하면서 분명히 미안함을 느껴야만 합니다. 하지만 우리는 종이를 막 쓰고 스마트폰을 자주 바꾸고 사용하지 않는 전기를 낭비해도 전혀 죄책감을 가지지 못한다는 것이 안타까웠습니다. 저도 길가에 가끔 쓰레기를 버리고는 찔릴 때도 있었지만 그냥 지나칩니다. 사람들이 민감한 죄의식과 양심을 가지고 있으면 지구가 파괴되는 것을 보고 미안해하며 자신에게도 책임이 있다고 생각하고 자연을 살리기 위해 노력한다면 우리는 지구의 절반뿐 아니라 더 많은 것을 구할 수 있다고 생각합니다.


· 양서영(18세) ·

인간은 물론 태어났기에 존재합니다. 만약 태어나지 않았다면 존재하지 않을 것이므로 우리의 존재는 우리 의지로 바꿀 수 없습니다. 하지만 인간 존재의 의미는 이와 다릅니다. 저는 인간 존재의 의미는 가능성이 있다는 것이라고 생각합니다. 사람은 언제나 변화를 만들어내니까요. 그 변화는 좋은 방향으로 흘러갈 수도, 아닐 수도 있겠죠. 그렇기에 가능성이 무엇이 될지는 지금부터 우리가 찾아 나가고, 만들어야 합니다. 이에 비춰 우리가 지구와 다른 생명체에 가져야 할 책임은 우리가 만드는 변화에 생명성을 불어넣는 것입니다.

우리는 작은 것부터 시작해야 하고, 생명의 터전을 지키기 위한 일도 그러합니다. 제게 작은 것이 무엇이냐고 묻는다면, 저는 주변 사람들에게 영감을 주는 것이라고 말하고 싶습니다.

저는 인간의 본성이 성선설과 성악설에 국한되지 않다고 생각합니다. 결국, 윌슨이 말한 위대하고 숭고한 인간의 본성은 타인의 고통에 대한 책임감이 아닐까요? 우리는 그저 어떤 일이 일어나는지 모를 뿐입니다. 만약 알게 된다면 우리는 정의로운 세상을 꿈꿔야만 할 것입니다. 나는 과연 어떻게 살아야 하는지 질문하고 치열하게 살고자 수없이 다짐할 수밖에 없습니다. 바로 이것이 인간이 가진 가능성입니다.

# 4

# 삶으로의 혁명

"우리 주위의 모든 것이 무너져 내리는 때, 우리는 저항의 상징으로 무언가를 세웠습니다."라고 아흐마드가 분명하게 말했다. 아흐마드는 생각에 잠긴 채 잠시 말을 멈추었다. 그러고 나서 내가 절대 잊을 수 없을 한마디를 했다. "우리의 혁명은 파괴를 위한 것이 아니라 건설을 위한 것입니다."

"전쟁은 역효과를 낳았어요. 사람들을 변하게 하고 감정과 슬픔, 두려움을 죽였어요. 전쟁하고 있을 때, 사람들은 세상을 다르게 바라봅니다. 독서는 이러한 기분 대신 살아갈 힘을 줍니다. 우리가 책을 읽는 것은 무엇보다 인간성을 유지하려는 것이에요."

-델핀 미누이, 『다라야의 지하 비밀 도서관』, 25~26쪽, 73쪽, 더숲

다라야는 8년간 이어진 전쟁에서 38만 명이 넘는 사망자가 발생하고

1,100만 명 이상의 난민을 낳은 시리아 전쟁으로 고통받은 주요 도시 중 한 곳입니다. 사람들은 한 달에 900여 차례가 넘게 쏟아지는 폭격 속에서 희망을 잃어갔습니다. 하지만 도시가 봉쇄되어 식량과 의약품이 끊긴 채 하루하루 전쟁의 공포 속에서도 다라야의 청년들은 삶을 포기하지 않습니다. 이들은 폭격으로 무너진 건물 속에서 책을 발견하였고, 책을 모아 지하 도서관을 만들었습니다.

전쟁은 무자비합니다. 사람들에게서 소중한 것들을 앗아가지요. 이 비밀 도서관을 자주 이용했던 청년 오마르는 독서는 인간성과 생명을 유지하는 데 꼭 필요한 것이라고 말했습니다. 이 청년들의 이야기를 읽는 내내 절박함이 느껴졌습니다. 이들에게 독서는 죽음의 위협이 도사리는 도시 속에서 조금이나마 두려움을 누그러뜨리는 희망의 힘이었습니다. 동시에 비밀 도서관은 전쟁 이후의 새로운 세상을 꿈꾸고, 다양한 사상을 토론하는 공적 토론의 장이기도 했습니다. 이 청년들은 쏟아지는 폭격 속에서 가만히 두려움에 떠는 것이 아니라 책읽기를 통해서 적극적으로 저항하고 있었습니다.

다라야의 청년들이 말했듯, 글을 읽는 것이 곧 혁명일 수 있는 이유는, 아직 보지 못하고 듣지 못한 암흑 속 어디선가 빛나고 있을 새로운 희망을 발견할 수 있는 유일한 힘이기 때문입니다. 인간이 만들어낸 몇몇 기술적 성과에 도취해 읽고 써내려가는 능력, 그 자유의 영역을 포기한 오만함이 결국 새로운 가능성이 다시 쓰이지 않는 시대, 즉, 비인간적이고 혁명이 불가능한 시대를 만든 것은 아닐까요.

책은 이제 더 이상 읽히지 않는 매체이고, 그렇기에 그 힘을 잃었다고 평가되곤 합니다. 하지만 그것은 사실이 아닐지도 모릅니다. 오히려 읽

영화 〈다라야의 지하 비밀 도서관〉

지 않기에 변화가 일어나지 않는 시대라는 것이 타당한 진단일 것입니다. 시대의 어둠을 써내려간 글을 읽어내지 못하는 무능함은 이 땅의 청소년들이 무가치한 학벌 경쟁에 상처입고 차가운 시멘트 바닥으로 못다 핀 생명을 내던지게 하고, 새로운 가능성을 찾아내는 글을 쓰지 않는 무관심은 끊임없이 반복되는 불평등과 부정의와 폭력을 용인하고 있습니다. 시민들이 거리에 나가도, 몸이 불타 재가 되어도, 폭탄이 비처럼 쏟아져 내려도 눈 하나 깜짝하지 않는 권력은 어쩌면 섬뜩하게도 우리가 만들어낸 것일지도 모릅니다.

공동선에 대해 사유하고, 그것을 향해 나아갈 수 있는 힘을 갖추는 것. 그 둘 사이의 공백을 메우는 것은 책을 통해 시대를 읽고, 쓰는 것임을 다라야의 청년들은 온힘을 다해 말하고 있습니다.

당장 내일 죽을지도 모르는 위험 속에서도 그들은 총을 든 것이 아니라 책을 읽기 시작했고, 함께 토론하고, 또 고민하고, 삶을 나누며 저항과 희망을 이어갔듯, 우리 역시도 그러할 것입니다. 책을 읽는다는 것은 삶을 바꾸는 혁명이자 인간다움 삶을 향한 혁명입니다. 여러분에게 책을 읽는 것은 어떤 의미인가요?


## 기계가 아닌 인간으로 살기 위한 책읽기

· 김미정(15세) ·

학교 정기 시험은 끝났지만, 한 과목도 빠짐없이 치는 수행평가로 책을 읽을 시간이 없습니다. 물론 핑계라고 말할지도 모릅니다. 의지만 있으면 책을 읽을 수 있다고 말이죠. 그런데 저뿐만이 아닙니다. 쉬는 시간에도 빠짐없이 책을 읽던 제 친구도 요즘엔 책을 펴는 것을 보지 못했습니다. 왜 이렇게 된 것일까요? 한편으론 학교에서는 아침 자습 시간에 학생들이 휴대폰에서 멀어지고, 책을 가까이할 수 있는 시간을 의무적으로 만들었습니다. 그러나 시간만 준다고 하여 학생들이 책을 제대로 읽는 것은 아닙니다. 선생님들도 딱히 학생들을 신경 쓰지 않기 때문에 그 시간에 책읽기를 좋아하지 않는 친구들이 강제로 책을 펼치고 있어야 해서 앞으로 책을 더 멀리하지 않을까 하는 염려를 해봅니다.

· 임재모(15세) ·

우리가 책을 읽지 않는 것은 교육 제도의 영향이 큽니다. 우리는 단순히 지식을 주입하거나 외우는 데 익숙해졌습니다. 또한 경쟁을 통해 남을 이겨야 하므로 속도를 중요하게 여깁니다. 따라서 책을 읽으며 천천히 사색하기보다는 인터넷의 빠르고 급변하는 정보를 누리는 것이 더 편합니다. 그러다보니 책을 읽는 것이 시간 낭비라고 무의식적으로 생각하는 경향이 있습니다.


· 설경훈(15세) ·

학생들은 아침에 일어나면 학교에 가서 공부하고, 학원을 가고, 집에 와서 숙제하고, 그러다 보면 어느새 밤늦은 시간이 되어 자야 합니다. 어른들도 마찬가지입니다. 아침에 출근해 쉴 틈 없이 일을 하느라 책 읽는 시간은커녕 다른 여가 시간도 누리지 못하고 있습니다. 그러나 이런 일상을 계속 반복한다면 우리는 공부하는 기계, 일하는 기계일 뿐이라고 생각합니다. 인간은 자신의 감정을 느끼고, 타인의 처지에 공감하며 함께 살아가는 존재입니다. 인간은 스스로 생각하고, 자기가 원하는 삶을 그려나갈 때 인간답게 살 수 있습니다. 그러나 지금 우리는 그저 모니터와 건물의 빛만 밝히며 살고 있습니다. 저는 마음의 빛을 밝힐 수 있는 새로운 독서 운동이 필요하다고 생각합니다. 찬찬히 책을 읽다 보면 조금씩이라도 자신의 색을 찾을 수 있지 않을까요. 그 색깔들이 어우러져 다시 다채로운 사람이 되는 날을 꿈꿔봅니다.

·· 3장. 공부는 모두에게 이로운 혁명이다

## 삶을 바꾸는 희망의 책읽기

· 홍동욱(16세) ·

인간적인 삶에 대한 희망을 품는 것 그것이 책읽기의 가치라고 생각합니다. 하지만 우리는 그 가치를 제대로 알지 못합니다. 전쟁으로 하루하루가 지옥인 다라야의 사람들에게 책은 희망이었습니다. 책은 그들에게 희망과 위안을 주었습니다. 반면 우리 사회는 물질적으로는 풍요롭지만, 사람들이 책읽기를 통해 내면과 정신이 풍요로워지고 싶다는 생각을 못 하는 것 같아서 안타깝습니다.

· 김지성(16세) ·

책은 내가 미처 알지 못했던 세상에 대해서 알려줍니다. 때로 그것은 알고 싶지 않은 것일 수도 있습니다. 하지만 그렇기 때문에 더 책을 읽어야 합니다. 책을 읽다 보면 세상에 저 혼자 살고 있는 것이 아니라는 느낌을 받고, 살아갈 힘을 얻습니다. 마치 책이 저에게 "제대로 살라"라고 말하는 것 같습니다. 하지만 정작 어떻게 살아야 한다고 명확히 알려주진 않습니다. 그렇기 때문에 책을 읽게 되면 진짜 자기의 생각을 하게 됩니다. 글을 잘 쓰기 위해서 머리에 넣기 위해서 책을 읽는 것이 아니라 머리와 마음을 열기 위해서 책을 읽어야 합니다.

· 변종윤(15세) ·

『다라야의 지하 비밀 도서관』에 이런 구절이 있습니다. "이들은 조금도 흔들리지 않고, 책이 자신들에게는 새로운 성벽과 같다고 힘주어 말했다. 읽었던 책의 구절들을 얼마나 잘 기억하는지, 혁명 전에는 책의 단 한 줄도 제대로 인용할 줄 몰랐던 이들이다. 시리아를 피로 물들인 이 분쟁이 역설적으로 책을 더 가까이하게 한 것이다." 여기서 다라야에 살고 있었던 사람들의 절박함이 느껴집니다. 전쟁의 고통으로 인한 정신적 피폐함을 막기 위해 온 힘을 다해 책을 읽어 자신들의 영혼을 살쩌웠습니다. 절박한 책읽기에 대한 또 다른 예시가 유대인입니다. 유대인은 무려 2,000년이나 되는 시간 동안 많은 다른 국가들의 박해를 받고 전 세계 곳곳에 흩어져 살았던 민족입니다. 논란의 여지가 있지만 유대인은 그런 어려운 상황에서도 다시 모여 이스라엘을 만들었습니다. 노벨상 수상자도 많이 배출했습니다. 이런 유대인의 힘의 원천은 무엇일까요? 『탈무드』라는 유대민족의 성경을 읽으며 자신이 유대인이라는 것을 절대 망각하지 않음에서 비롯되었다고 생각합니다.

우리들은 왜 책을 읽지 않을까요? 절박함이 없기 때문이라고 생각합니다. 하지만 절박하지 않다고 정신적 피폐함이 없는 것은 결코 아닙니다. 오히려 무한경쟁 속에 정신적인 피폐함이 우리에겐 절박함의 근거가 될 수 있다고 생각합니다. 지금이야말로 함께 책을 읽고 다른 사람과 생각을 나누는 절실하고 창조적인 책읽기를 해내야 할 때라고 생각합니다.


## 지하 비밀 도서관이 필요한 대한민국 청소년

· 설경훈(15세) ·

다라야의 청년들처럼 지하 비밀 도서관이 필요한 사람은 아마 저를 비롯한 청소년들이 아닐까 생각합니다. 다라야처럼 정말로 폭격이 떨어지고 전쟁을 하는 상황은 아니지만, 저희는 사회에 나가기도 전부터 치열한 경쟁을 하고 있습니다. 그 모습은 전쟁을 방불케 합니다. 조금이라도 더 좋은 점수를 받기 위해 늦게까지 학원에 다니고 밤을 새웁니다. 이런 생활이 반복되면서 자연스럽게 무디어집니다.

저는 이런 악순환의 굴레를 우리가 끊어야 한다고 생각합니다. 하루에 30분 만이라도 책을 읽을 수 있다면, 시험이나 학업에서 벗어나 마음 놓고 쉬면서 책을 읽을 수만 있다면, 이것이 청소년들에게 힘이 되지 않을까요. 청소년뿐만 아니라, 매일 고난과 어려움을 겪는 어른들에게도 조금이라도 쉴 수 있는 안식처가 되리라 생각합니다.

"한 도시를 무너뜨릴 순 있지만 생각을 무너뜨릴 순 없죠!", "비록 그들은 잊힐지라도, 언어를 통한 저항은 남는다." 다라야 청년들에게 책읽기란 곧 저항이었고, 자유의 상징이었습니다. 저 또한 한국 학생들에게 비밀 도서관이 필요하다고 생각합니다. 경쟁만을 강요하고 인간을 존중하지 않는 학교와 사회로부터 몸을 보호할 수 있는 껍질 같은 것 말입니다. 한국 청소년들에게도 저항과 자유를 꿈꿀 수 있는 공간이 필요합니다. 그곳에서 책읽기를 통해 나와 동시대에 살고 있는 아픔을 겪고 있는 이들의 소리에 귀 기울여야 합니다. 저는 이 책을 통해서 전쟁 속 난민의 모습을 상상하고 공감해보려고 노력할 수 있었습니다. 내가 가만히 이렇게 편안하게 살고 있을 때, 전쟁 속의 삶은 얼마나 피폐했는지 느낄 수 있었습니다. 그뿐만 아닙니다. 이 글을 쓰고 있는 이 시간에도 수많은 고통이 존재합니다. 우리에게 껍질이 필요한 이유는 살인적인 경쟁의 현실을 피하기 위해서가 아니라, 이 세계에서 진정으로 고통받고 있는 이들의 목소리를 외면하지 않기 위해서입니다.

"우리의 혁명은 파괴를 위한 것이 아니라 건설을 위한 것입니다." 다라야 청년 아흐마드의 말처럼, 이들의 혁명은 총을 들고 싸우는 것이 아니라, 젊은이들이 책을 읽고 도서관을 만들어 지식과 생각을 나누는 것이었습니다 "모두 다어, 즉 폭타에 저항하는 지혜와 희망 그리고 과학과 철학의 언어로 전율했다. 책장 선반 위의 완벽하게 분류된 언어들은 견고하고, 꿋꿋하고, 자신감이 넘치며, 강인하고, 용맹하며, 믿을만하고, 진실이 깃

들어 있었다. 이 문장들은 성찰의 궤적과 수많은 사상, 해방을 위한 이야기들을 전해주었다. 온 세상이 손안에 있었다." 그렇게 책을 읽으면서 젊은이들은 세상을 책에 나오는 사상들로부터 비롯된 다양한 관점을 가지고 바라볼 수 있게 되었고, 전쟁의 근본적인 문제점과 취해야 할 방향도 찾아 나갈 수 있었습니다. 그들이 건설해나간 것은 단순 지식뿐 아니라 인간답게 살기 위해 처절하게 전쟁과 폭력에 반대하고 이루어나가기 위한 노력, 각종 부조리와 전쟁의 공포 속에서도 읊조렸던 평화의 언어들입니다. 그렇게 만들어나간 꿋꿋한 저항이었습니다. 이들은 책을 읽으면서 배고픔을 잊고, 저항하는 방법을 배우고, 언어로써 평화적인 '시민의 힘'을 키운 것입니다. 독재자들은 깨어 있는 시민을 무서워합니다. 시민들은 무엇이 왜 잘못되었고 어떻게 그 잘못을 고쳐나갈 수 있는지 알고, 또 이를 변화시킬 수 있는 능력이 있기 때문입니다.

책은 그러한 시민의 힘을 성장시키는 수단이자 사회가 나아갈 방향을 그리는 방법 그 자체일 것입니다. "당신이 읽는 법을 알게 될 때, 당신은 영원히 자유로울 것이다"라는 최초로 흑인 노예 해방운동을 이끈 프레드릭 더글러스의 말처럼 책은 인간을 자유롭게 하고, 인간답게 살 수 있게 하는 능력을 가지고 있습니다. 그렇기 때문에 오늘날 청소년에게 지하 비밀 도서관이 필요합니다. 자신의 이익만을 중요시하는 사회와 학교에 맞추는 것이 아니라 책이 주는 깊고 진한 언어와 정서를 느끼며 사유의 힘을 길러야 합니다. 마치 다라야의 젊은이들이 새로운 시대를 위해 책을 집어든 것처럼 말입니다. 깨어 있는 시민의 힘을 기를 때 우리는 분명 더 진실한 세상을 만나고, 인간다운 삶을 살아갈 수 있으리라 생각합니다.

## 공생을 위한 진정한 교육

다라야의 청년들이 보여주었듯, 책읽기는 인간성을 지키는 최후의 보루입니다. 그들이 지하 비밀도서관에서 했던 것은 도피로서 책읽기가 아닙니다. 그곳은 배움의 끈을 놓지 않고, 전쟁을 끝낼 인간으로 성장하기 위한, 생명을 위한 창조의 공간이었습니다. 청소년들이 입을 모아 이야기하듯, 대한민국에도 지하 비밀 도서관이 필요합니다. 그 공간은 나만 잘 살아남기 위한 생존을 위한 경쟁교육을 넘어선, 공존과 공감과 공생을 위한 진정한 민주교육의 공간입니다. 모든 인류가, 이 지구상의 모든 존재를 위한 이로운 혁명을 완수하는 것, 그것이 다라야의 지하비밀 도서관이 우리에게 전하는 메시지입니다. 우리의 학교가, 도서관이, 집이, 모든 교육의 공간이 다라야의 지하 비밀 도서관처럼 치열하게 인간성을 지키기 위한 공간이 될 때까지, 한국 사회의 교육 혁명은 끝끝내 완수해야할 우리 모두의 임무입니다.

## 1. 『그레타 툰베리의 금요일』

> 우리는 이제까지 밟았던 길을 떠나 우리에게 알려지지 않은 영역에 발을 들여 놓아야 한다. 지금껏 우리가 너무나 오랫동안 무시해왔던 사실에 귀를 기울이기 시작해야 한다. 앞서 가되 나중에 올 사람들을 위해서 우리 뒤에 있는 문을 열어 두어야 한다. 누구나 환영하기 때문이다. 한 사람 한 사람이 모두 필요하다.
>
> – 말레나 에른만, 『그레타 툰베리의 금요일』, 298쪽, 책담

전 세계 기후 위기 대응행동을 이끌어내고 있는 그레타 툰베리. 그녀가 2018년 8월 '기후 위기를 위한 등교 거부' 운동을 시작한 이후, 전 세계 젊은 세대가 '미래를 위한 금요일'이라는 이름으로 연대하고 있습니다. 그런데 여전히 기후 위기에 책임이 있는 사람들은 움직이지 않고 있습니다. 2019년 9월 23일 미국에서 열린 UN 기후행동정상회의에서 그레타가 한 "감히 어떻게 그럴 수 있나요(How Dare You)!" 연설은 이 문제가 정말 심각하고 지금 당장 해결해야 하는 것임을 일깨워주는 뜨거운 외침이었고, 수많은 청소년이 공감했습니다. 과학은 진실과 사실을

말하고 있고, 그것으로 어떻게 살 것인지를 결정하는 것은 오롯이 정치와 시민사회의 힘입니다. 그레타와 지구를 살리기 위해 함께해온 그녀의 가족이 어떤 고민과 노력을 하고 있는지 엿볼 수 있는 책을 통해 우리도 그 운동에 얼른 함께하고 싶다는 생각이 들 것입니다.

1 · 그레타 툰베리가 언론, 공식 회의, 강연 등에서 세계를 향해 던진 메시지가 많은데요. 인터넷 뉴스, 영상, 사진 자료를 검색해보며, 그레타 툰베리의 말 중 가장 멋지고 공감이 가며 사람들에게 널리 알리고 싶은 문장을 뽑아보세요. 그리고 실제로 친구나 가족에게 그레타의 이야기를 전해봅시다. 그레타 툰베리를 잘 모른다면, 여러분이 친절히 소개해주는 것도 좋겠지요? 더 많이 알게 되면 더 많은 변화를 가져올 수 있을 테니까요. 소개하면서 느낀 점과 소개받은 사람의 반응도 이야기 들려주세요.

2 · 그레타 툰베리가 전 세계의 청소년들과 연대하여 '미래를 위한 금요일'이라는 운동을 함께하고 있는 것처럼 여러분이 전 지구적 문제를 해결하기 위해 연대하고 싶은 일은 무엇이 있나요? 세계를 향해 그레타처럼 연설문을 만들어봅시다.

## 2. 『생명의 기억』, 『지구의 절반』

> 무엇보다 자연에서 얻을 수 있는 놀라움, 수수께끼, 경외감, 온전함, 안도
> 감, 구원에서 오는 끊임없는 기쁨을 느껴보자. 점점 더 깊게 들어가, 황무지
> 에 숨어 있는 감각들을 그러쥐어 보자. 그것들은 인간의 염려와 개입에서 자
> 유롭게, 아프리카에서 우리가 발생하기 전에 그랬던 것처럼 진화되어온 전
> 체로써 삶의 유한함에 대한 희망을 제공한다.
>
> – 에드워드 윌슨, 『생명의 기억』, 158쪽, 반니

아프리카에 있는 모잠비크 고롱고사 국립공원은 1976년 내전이 일
어나기 전까지 다양한 생명들이 살아가고 있는 곳이었습니다. 하지만
16년간의 내전으로 이곳은 황폐해지고 더 이상 생명이 살지 않는 곳이
되었습니다. 2004년 모잠비크 정부와 생물학자 에드워드 윌슨, 환경운
동가 그레그 카는 고롱고사 국립공원을 회복하는 프로젝트를 진행했습
니다.

10여 년이 지난 후 고롱고사는 다시 예전의 모습으로 돌아갔습니다.
인간이 망가뜨린 자연을 인간의 손으로 다시 회복시킨 것이지요. 이 프
로젝트를 이끈 에드워드 윌슨은 인간이 자연보호구역을 많이 지정할수
록 다른 생물들이 평화롭게 살 수 있을 것이라고 말합니다. 그리고 이
프로젝트 이후에 지구의 절반을 다른 생명에게 내어주자는 '지구의 절
반' 프로젝트를 진행합니다. 책을 읽으며 자연의 장대한 아름다움을 느
끼며, 다른 생명들과의 공존의 필요성을 생각해보면 좋겠습니다. 또한
원대한 목표인 지구의 절반 프로젝트가 가능할지도 생각해보세요.

1 · 모든 생명은 서로 협력하고 공존하며 살아갑니다. 고룡고사의 생물들도 마찬가지이지요. 책을 읽으면서 생물이 공존하는 아름다운 모습, 혹은 자연의 생명력에 대한 경이로움과 희망을 느낄 수 있는 문장들을 찾아보세요. 이를 통해 여러분이 느낀 점을 글로 적어보세요.

2 · 에드워드 윌슨은 지구의 절반을 다른 생물들을 위해 쓰자는 원대한 목표를 세웁니다. 윌슨은 지금 환경 운동이 현상을 모면하려고만 한다고 말하지요. 윌슨이 제안한 이 목표를 달성하는 것은 어려운 일일까요? 판 자체를 바꾸는 선택은 어떻게 가능할까요? 이 책에서처럼 환경, 혹은 사회, 역사적으로 인간의 가능성으로 극복할 수 있는 문제를 찾아보고, 그 문제를 해결할 수 있는 방법을 윌슨의 방식으로 제안해보세요.

## 3. 『내일: 새로운 세상이 온다』

> 늪에 수련 하나가 자라고 있습니다. 첫날 수련에 잎이 한 장 생겼습니다. 매일 잎이 두 배씩 생겨나 30일 뒤에 늪이 수련 잎으로 가득 찬다고 칩시다. 그렇다면 늪의 절반이 잎으로 채워지는 때는 언제일까요? 답은 29일째입니다. 29일 동안 사람들은 아무런 문제가 없다고, 앞으로도 시간이 많다고 생각할 겁니다. 그러다가 하루 만에 갑자기 상황이 돌변하게 되지요.
>
> – 시릴 디옹, 『내일: 새로운 세상이 온다』, 44쪽, 한울림

세계의 과학자들은 지금 이대로 환경 파괴가 진행된다면 2100년경에는 인류가 심각한 생존의 위기를 겪게 될 것이라고 경고한 바 있습니다. 저자는 우리의 내일이 달린 이 문제를 풀기 위해 전 세계에서 지속 가능한 새로운 내일을 꿈꾸고, 우리가 직면하고 있는 문제들을 해결할 수 있는 구체적인 대안을 실천하고 있는 이들을 만나러 떠납니다.

식량, 에너지, 경제, 민주주의, 교육이라는 다섯 가지 분야에서 우리가 직면한 현실의 문제를 분석하고, 그를 토대로 새로운 세계를 만들어 가고 있는 사람들의 이야기를 통해 우리 역시도 새로운 선택을 해야 한다는 사실을 깨닫습니다. 내일이 되면 이 세계가 멸망할지, 아니면 지구의 절반을 다시 생명의 터전으로 바꿀 수 있을지, 그 선택은 오늘 우리만 할 수 있기 때문입니다.

1 · 이 책에는 다섯 가지(식량, 에너지, 경제, 민주주의, 교육) 주제가 소개되어 있습니다. 가장 인상 깊은 주제를 골라, 우리가 직면한 문

제를 해결하는 창조적인 아이디어를 만들어내는 데 필요한 가장 중요한 질문이 무엇인지 만들어보세요.

2 · 여러분은 어떤 내일을 꿈꾸나요? 인간으로서 어떤 미래를 꿈꿔야 하고 또 만들어가야 하는지 자신의 생각을 써보세요. 지구의 내일을 만드는 오늘날 인류의 선택이 무엇이 되어야 하는지 생각해봅시다.

## 4. 『최원형의 청소년 소비 특강』

오늘날 우리의 삶을 들여다보면 한순간만 살고 말 것처럼 소비하고 있어요. 오직 오늘만 사는 것처럼 쓰레기를 남기고 있고요. 미래 세대가 어떤 걸 물려받게 될지, 어떤 걸 고통스러운 빚더미로 떠안게 될지에 대한 고민이 전혀 없다는 거지요. 사정이 이러니 우리와 함께 사는 생명에 대한 배려는 말할 필요도 없겠지요. (중략)

모든 생명을 사랑하고 너와 내가 둘이 아님을 느낄 때, 세상 모두 존재가 서로 연결되어 있다는 걸 강하게 느낄 때 우리가 사는 세상은 좀 더 살만한 세상이 될 것이라고 믿습니다.

– 최원형, 『최원형의 청소년 소비 특강』 225~229쪽, 철수와영희

우리는 백화점이나 쇼핑센터에 가면 많은 물건이 진열된 모습을 봅니다. 그럴 때마다 우리가 얼마나 풍요로운 세상에 사는지 새삼 느낍니다. 하지만, 한편으로는 '이 물건들은 다 어디로 가는 걸까?', '이런 풍요로운 삶이 언제까지 지속될까?' 하는 생각도 듭니다. 우리가 쓰는 모든 것은 지구에서 나오기 때문이며, 그 지구가 점차 고갈되고 있기 때문입니다. 이 책은 바로 이런 문제의식에서 우리에게 생명과 지구를 위한 소비가 무엇인지 질문합니다.

1 · 우리는 우리가 사용하는 물건이 어디서 와서 어디로 가는지 잘 모르기 때문에 마구 사고 있습니다. 하지만 세상은 보이지 않는 끈으로 연결되어 있습니다. 여러분이 자주 쓰는 물건이 어떻게 만들

어졌고, 어떤 과정을 거쳐 갖게 되었는지 조사해봅시다. 또한 책
을 참고하여 그 물건이 버려진 이후 어떤 방법을 통해 최종적으로
처리되는지 살펴봅시다.

2 · 지나치게 많이 생산된 후 고스란히 버려지는 쓰레기 문제를 어떻
게 해결할 수 있을까요? 내가 버린 쓰레기는 결국 내가 살아가는
이 땅에 계속 남아 있습니다. 그렇다고 아무것도 버리지 않고 살
수는 없으니, 무엇을 쓰고 어떻게 버릴 것인지 생각하는 일은 내
가 어떻게 살 것인지를 고민하는 것과 똑같은 말일 텐데요.
책의 저자인 최원형 선생님은 나와 자연이 분리된 존재가 아니라
통합적인 관계라는 걸 인식할 수 있게 된다면 환경 문제를 비롯한
우리 인간이 처한 다양한 문제를 해결할 수 있다고 하십니다. 공
생 가능한 생태계를 유지하기 위해서 나는 어떤 노력을 기울여야
하는지, 또 사회적으로는 어떤 변화가 필요한지 여러분의 생각을
써봅시다.

## 5. 『지구를 살리는 기발한 물건 10』

　　스테인리스 강과 플라스틱 등으로 만들어 보온과 보냉이 가능한 고급 제품인 텀블러는 플라스틱으로 만든 테이크아웃 컵이나 물병보다 친환경 제품으로 널리 알려져 인기를 끌고 있어요. 그러나 텀블러도 너무 흔하고 무료로 나눠주는 것도 많아서 점점 골칫거리 신세가 되고 있어요. 결국 어떤 제품을 선택할 것인가도 중요하지만 어떻게 사용할 것인가가 더 중요해요.

　　　　　　　　　　　　– 박경화, 『지구를 살리는 기발한 물건 10』, 9쪽, 한겨레출판

　　2019년 7월은 인류가 기온 관측을 시작한 1880년 이후 가장 더운 달로 기록되었다고 합니다. 북극의 해빙이 1978~2010년 평균치보다 19.8% 감소한 점과 연결하여, 지구온난화로 지구가 점점 더 살기 어려운 곳으로 변해가는 것이 확실해지고 있습니다. 이제 기후 변화가 아니라 기후 위기로 불러야 한다는 이야기가 나오듯, 환경이 점점 나빠지는 일은 그냥 둘 수 없는 일입니다.

　　『지구를 살리는 기발한 물건 10』은 환경에 악영향을 끼치지 않는 10가지 물건을 소개한 책입니다. 스테인리스 강, 금속 젓가락, 종이, 공원, 자전거 등 다양한 영역에서 지구를 살릴 방법을 소개한 책인데요. 책을 읽으며 나는 얼마나 지구에 좋은 영향을 주고 있는 사람인지 확인해볼 수도 있고, 더불어 좋은 영향을 줄 방법을 배울 수 있는 책이기도 합니다.

　1 · 책에서 소개하는 10가지 물건들에 대한 이야기 중 여러분이 아는
　　　내용도 있고 새롭게 알게 된 것도 있을 거예요. 그리고 각각의 물

건 이야기 끝에는 '지구 일보'라고 하여 토론할 이야기와 질문이 나와 있는데요. 그중 하나를 골라 질문에 답해봅시다. 꼭 책의 내용을 따르거나 어느 한쪽의 의견을 선택하지 않고 여러분 각자의 생각을 써보시면 더욱 좋습니다.

2 · 여러분이 생각하는 "지구를 살리는 기발한 아이디어 한 가지"를 만들어보세요. 꼭 무엇을 발명하지 않더라도, 여러분이 생각할 때 오늘날 지구에서 변화가 가장 시급하게 필요하거나 도움이 절실하게 필요한 부분이 무엇이고, 그것을 위해 쉽고 간단하면서도 꼭 필요한 실천이 무엇일지 써보세요.

## 6. 『플라스티키, 바다를 구해줘』

> 플라스틱에게는 죄가 없다. 플라스틱의 놀라운 특성은 의학과 과학기술, 오락, 그리고 교통 등 현대 사회의 모든 측면에서 엄청난 진보를 이루게 해주었다. 문제는 플라스틱이 유용한 일생을 끝마치고 폐기될 때의 과정이 잘못되었다는 사실을 우리가 제대로 이해하지 못하고 있다는 점이다.
>
> – 데이비드 드 로스차일드, 『플라스티키, 바다를 구해줘』, 87쪽, 북로드

환경 문제는 오늘날 세계가 봉착한 가장 긴급한 문제입니다. 그러나 이 문제를 해결할 책임이 있는 국제 사회는 각국의 이해득실을 따지며 환경문제를 해결하기 위한 노력에는 소극적입니다. 이 책의 저자 데이비드 드 로스차일드는 플라스틱으로 만든 배를 타고 전 세계를 누비며 플라스틱으로 오염된 바다의 현실이 무엇인지 이야기하고, 더불어 우리가 왜 바다를 지켜야 하는지에 대해서도 말해줍니다.

1 · 이 책에는 다양한 정보와 소식이 나와 있습니다. 책을 꼼꼼히 살펴보고, 새롭게 알게 된 내용이 무엇인지, 인상깊은 내용이 무엇인지 잘 정리해보세요. 또 최근 뉴스도 검색해보며, 플라스틱 문제가 얼마나 심각한지 함께 알아봅시다.

2 · '플라스틱으로 죽는 생명 제로 프로젝트'라는 제목으로 기획을 해봅시다. 길거리마다 수북하게 쌓여 있는 플라스틱 일회용 컵, 축제나 행사를 열고 나면 봉투 가득 나오는 일회용 접시들을 우리는

너무 익숙하게 보고 지냅니다. 이것들이 모두 바다로 쓸려가 누군가의 생명을 앗을 수 있다 생각하니 끔찍합니다. 지금 당장 해결해야 하는 이 문제 앞에서 내가, 우리 가족이, 친구들이 함께 나서서 할 수 있는 일은 무엇이 있을까요?

## 7. 『소외된 90%를 위한 디자인』

> 한번 운동가는 영원한 운동가이다. 나는 이 책을 통해 디자이너와 대중들이 아직도 비참한 환경에 살고 있는 사람들이 무수히 많다는 사실과 우리들 중 누구라도 이들을 돕기 위해 할 수 있는 일이 무수히 많다는 것을 깨닫게 되길 바란다. 이 이야기들이 많은 젊은 디자이너들, 유명한 전문가들, 교육자들, 언론인들과 우리 개개인에게 영감을 주어 변화를 만들고 빈곤을 끝내는 데 도움을 줄 수 있기를 바란다.
>
> – 신시아 스미스, 『소외된 90%를 위한 디자인』, 23쪽, 에딧더월드

스미소니언 연구소에서 기획하고 만든 『소외된 90%를 위한 디자인』에는 세계 곳곳에서 살아가는 사람들의 삶을 혁신적으로 바꿔주는 적정기술이 소개되어 있습니다. 구글과 같은 기업에서도 "전 세계 가장 많은 사람에게 변화를 만든 아이디어에게 주는 상(Idea that benefits the most win)"을 기획하여 1등에게 50억의 상금을 내걸기도 했지요.

우리는 디자인 제품이라고 하면 멋지고 비싼 것을 떠올립니다. 하지만 책에는 비용은 적게 쓰면서 소외된 사람들의 삶의 질을 높일 수 있는 디자인 제품들이 소개되어 있습니다. 이 책은 조그만 아이디어 하나가 지구에서 빈곤이 사라지게 만들 수도 있고, 한 사람을 살릴 수도 있으며, 전 세계 사람들이 더 나은 수준의 삶을 살 수 있게 만들 수도 있다는 이야기를 담고 있습니다.

1 · 책에 소개된 디자인 아이디어들 중 가장 인상 깊게 본 아이디어를

골라보세요. 그 아이디어는 어떤 문제를 해결하기 위해 만들어졌고, 그 방법은 무엇이었나요? 그 디자인이 가져온 변화는 무엇이었는지 살펴보며, 다른 사람에게 소개할 수 있도록 자세히 정리해봅시다.

2 · 책에 소개된 이야기 외에도 우리 주변에는 사람뿐만 아니라 동물이나 식물 등 도움이 필요한 존재가 많습니다. 다양한 공동체에서 도움이 필요한 존재가 누구인지 찾아보고, 그들이 겪는 어려움이 무엇인지 생각해봅시다. 그리고 그들을 도울 아이디어를 기획해봅시다. 꼭 어려운 과학기술을 활용하거나 화려한 예술적 요소가 없어도 됩니다. 소외된 존재에게 필요한 것이 무엇인지 진지하게 고민하면 아주 간단한 방법으로도 도울 수 있는 아이디어가 떠오를 것입니다.

## 8. 『가치를 디자인하라』

> 가치는 매우 고귀하면서도 유연한 것이죠. 움직이지 않고 화석화되어 있으면서 사물과 존재들에게 자리 값을 달라고 하는 고압적 개념이 아니라, 언제나 살아 숨쉬고 생동하며 생성하는 창조와 성찰의 성장점입니다. 이 창조와 성찰의 성장점을 항상 화두로 삼고 현실에 발을 디딘 상태에서 올바로 실천하는 작업이 바로 가치 디자인입니다. 다시 말해 가치 디자인이란, 실재적 환경과 현실 안에서 인간이 사회와 세계의 문제들을 바라보고 그것을 해결하기 위해 노력하는 과정에서 이뤄지는 가치의 설계 작업을 말합니다.
>
> – 김진택, 『가치를 디자인하라』, 13~14쪽, 한국경제신문

김진택 선생님의 『가치를 디자인하라』에는 인문학적 상상력이 과학 기술과 만났을 때 얼마나 창의적인 아이디어가 탄생할 수 있는지 설명되어 있습니다. 나아가 이 아이디어들은 인간의 삶을 보다 나은 것으로 바꾸고, 건강하고 의미 있는 가치를 실현하는데 도움을 줍니다. 순수 예술 작품이나 명품 옷을 만드는 예술가도 있지만, 공감과 소통을 바탕으로 인간 사회와 자연에 생명을 불어넣는 예술가들도 있습니다.

1 · 책에 소개된 녹색 도시 디자인, 지속가능한 콘텐츠, 적정 기술, 업사이클링 등을 읽어보고 가장 기발하고 가치 있는 아이디어를 골라 보다 자세하게 조사해봅시다.

2 · 4차 혁명 시대의 새로운 변화를 이끄는 것은 가치 디자인입니다.

청소년들이 해야 할 일은 이러한 가치 디자인을 탄생시킬 수 있는 정신과 가치를 배우고 나누는 것입니다. 책에 소개된 아이디어들이 세상에 나올 수 있었던 원동력은 무엇이었을까요? 인간을 인간답게 하는 가치가 무엇인지 하나 선택하고, 책에 소개된 아이디어가 그 가치를 어떻게 구현하고 있는지 생각해봅시다.

·· 3장. 공부는 모두에게 이로운 혁명이다

## 9. 『바그다드 동물원 구하기』

　　우리의 유일한 고향인 지구에 왜 이런 해를 끼치고 있는 것일까? 사람들은 대부분 본능적으로 자연에 감정을 이입한다. 모든 사람이 동물에 대한 잔악 행위를 반대하고 신선한 공기와 넓은 공간, 오염되지 않은 강, 건강하고 살기 좋은 지구를 원한다. 그런데 왜 우리는 하나밖에 없는 지구를 이렇게 학대하는 것일까? (중략)

　　종으로서, 개인으로서, 호모 사피엔스는 다른 모든 종과 마찬가지로 생존하고자 하는 욕구를 기반으로 이루어진 존재이다. 우리는 모두 더 큰 존재의 일부분이며 '생존'이라는 똑같은 목표를 지니고 있는 것이다. 생존하기 위해 우리는 개인적인 차원에서, 집단적인 차원에서, 종적인 차원에서 이 지구 및 동물들과 협력하며 살아가야 한다. 우리의 삶을 지속시킬 환경을 위해서 말이다.

　　이보다 더 중요한 목표는 있을 수 없다. 이러한 목표를 추구하는 과정에서 우리가 실패하고 만다면 인간의 지적인 능력과 정신적인 유산은 아무런 의미가 없다.

　　　　　　　　– 로렌스 앤서니, 『바그다드 동물원 구하기』, 336~337쪽, 뜨인돌


　　로렌스 앤서니 선생님은 고통받는 동물들을 구하기 위해 위험을 무릅쓰고 실제 전쟁터에 뛰어들었던 실천가였습니다. 로렌스 앤서니 선생님은 2003년 CNN에 방영된 이라크 전쟁이 일어났다는 소식을 듣고 당장 그곳으로 달려가게 됩니다. 전쟁이 나면 동물들이 속수무책으로 피해를 받는다는 사실을 알고 있었기 때문입니다. 동물을 사랑하는 사

람으로서 가만히 있을 수 없었던 앤서니는 "나는 두 손을 놓고 가만히 있을 수가 없었다. 뭔가 해야만 했다"라고 결심한 것이지요. 자신이 옳다고 생각한 가치를 온몸으로 살아낸 앤서니 선생님의 삶을 통해 우리는 참 많은 것을 배울 수 있습니다.

1 · 로렌스 앤서니 선생님은 무차별적으로 사냥 당하는 야생 동물을 살리기 위해 '툴라툴라'라는 금렵 구역을 만들고 사냥꾼들로부터 동물들을 보호합니다. 말할 수 없는 존재들인 야생 동물들과 항상 교감하려고 노력했던 로렌스 앤서니 선생님은 인간과 자연의 교환 관계에서 그간 자연으로부터 모든 것을 받은 인간이 이제는 자연에게 돌려줄 차례라고 말합니다. 책을 읽으며 로렌스 앤서니 선생님의 공감 능력을 발견할 수 있는 문장을 정리해보세요. 그리고 로렌스 앤서니 선생님의 어떤 마음이 세상을 바꿀 수 있었는지에 대해서 생각해봅시다.

2 · 여러분은 평소에 무엇에 관심이 많고 주의를 기울이고 있나요? 여러분은 어떤 소식을 들으면 당장 달려가서 구하고 싶을까요? 여러분이 가장 소중하게 여기는, 또 반드시 지키고 싶은 '나의 동물원'이 무엇인지 쓰고, 그 이유도 설명해주세요. 또 우리가 함께 힘을 모아 구해야 할 동물원이 무엇인지, 어떻게 구할 수 있을지도 생각해보세요. 말할 수 없는 존재들의 목소리에 귀 기울이면서, 꼭 구해야 할 시급한 위험에 빠져 있는 대상(사람/동물/사물 등)을 어떻게 구할 수 있을지 생각해봅시다.

　　모든 생물종의 인위적인 멸종은 우리를 비추는 거울이다. 이 거울은 자연계를 포악하게 점령한 인류의 모습, 힘이 약한 민족을 노예처럼 부리고 탄압하는 강한 민족의 모습을 비춘다. (중략)

　　이 책을 덮으며 스스로 질문을 던지기 바란다. 우리의 행동이 지구에 어떤 상처를 남겼을까? 우리가 눈앞의 이익에 급급해 미래를 희생시킨 것은 아닐까?

　　생물종 하나가 멸종할 때마다 인류는 고독을 향해 한 걸음씩 전진한다. 다른 생물종의 동행 없이 우리가 얼마나 멀리 나아갈 수 있을까?

　　　　　　　　　　　　　　　　　　　　　　　　– 선푸위, 『내 이름은 도도』, 12~13쪽, 추수밭


　이 책은 이미 멸종했거나 멸종 위기에 처해 있는 동물 수십 종의 운명을 소개합니다. 그들도 한때는 지구상에서 무리 지어 번성하며 살았습니다. 하지만 지금은 그 생명의 노랫소리를 들을 수 없습니다. 우리는 어떻게 하면 안타깝게 죽어간 그 생명을 기억하고, 다시는 그런 실수를 저지르지 않도록 할 수 있을까요?

　한 가지 방법은 그들의 이야기를 써보는 것입니다. 단순히 기록에 남아있는 숫자나 통계수치가 아니라, 지구에서 살아 숨 쉬고 노래했던 하나의 생명으로 되살려보는 것입니다. 이 책을 통해서 그들을 되살릴 수는 없지만, 한때 이 땅에 존재했던 그들의 아름다운 모습을 존재 그 자체로 기억하는 일은 중요합니다.

1 · 아프리카코끼리, 북부흰코뿔소 등이 밀렵으로 멸종 위기에 처하기도 하고, 책에 나오는 여행비둘기는 사람들이 재미로 쏘아 죽여서 멸종했습니다. 이 외에도 인간의 활동으로 멸종되거나 위기에 처한 동물이 많습니다. 자연계의 수많은 종 중에서 호모 사피엔스한 종이 수많은 동물들을 멸종시킨다는 것은 믿을 수 없을 만큼 무서운 일이지요. 생태계의 한 종이 멸종한다는 것은 무엇을 의미할까요? 단지 그 동물을 보지 못하는 감성적인 이유가 아니라, 과학적으로 이것은 어떤 연쇄반응을 일으킬 수 있는지 조사해보세요.

2 · 책에 나오는 멸종 동물 중 하나를 골라 그 동물이 이 땅에 존재했을 때 겪었을 이야기를 상상해서 써봅시다. 개요를 먼저 잡아보고 하나의 이야기로 써보세요. 그들은 우리에게 어떤 이야기를 들려주고 싶을까요?

## 11. 『크리스 조던: 아름다움의 눈을 통해 절망의 바다 그 너머로』 —

여기 부산에서 제 인생에서 처음으로 서로에게 이렇게 연결되어 있는 느낌을 준 청소년들을 만났습니다. 여러분이 큰마음을 가지고 있는 존재란 생각이 듭니다. 인디고 서원을 둘러싼 부산에, 이 세상을 평화롭게 만들고 치유하는 세계 리더들이 탄생할 것이라고 믿습니다. 이미 그런 일이 벌어지고 있는 것 같습니다. 저는 어딜 가든 제 슬픔을 드러내는 것을 두려워합니다. 하지만 여기 온 것은 마치 저에게 집에 온 것 같은 느낌을 줍니다. 제가 이 세상을 사랑하듯 여러분도 이 세상을 사랑하는 것이 느껴집니다. 여러분께 드리는 숙제가 있습니다. 스스로 슬픔을 느끼려 노력하세요. 늘 슬퍼하라는 것이 아닙니다. 하지만 그 슬픔을 저버리고 외면하려 한다면 그것이 우리의 발목을 잡을 것이고, 그것은 여러분께 영원한 상처로 남을 것입니다. 우리가 슬픔을 피하지 않을 용기를 갖기만 한다면 슬픔은 파도처럼 우리를 치고 지나갈 것입니다. 그리고 그 슬픔이 끝나면 분명 아름다운 바다가 여러분 눈앞에 펼쳐질 것입니다.

– 크리스 조던, 『크리스 조던: 아름다움의 눈을 통해 절망의 바다 그 너머로』,
125~126쪽, 인디고 서원


세상에 존재하는 불의에 눈감지 않되, 성급하게 해답을 찾기보다는 문제의 본질이 무엇인지 끊임없이 고민하고, 지금 할 수 있는 일을 해내는 것, 그것이 바로 인문학의 힘이고 지성인과 예술가의 역할이라고 생각합니다. 크리스 조던은 그 역할을 기꺼이 해내고자 했습니다. 크리스 조던은 아름다움, 정의, 자유, 사랑과 같은 보편적이고 근원적인 가치가

이 세계를 구할 수 있는 유일한 힘이라 믿었기 때문입니다.

아름다움의 눈을 통해 절망의 바다 그 너머로 향해 가자고 이야기하는 크리스 조던과 함께, 이 세계를 향한 사랑을 발견할 수 있길 바랍니다.

1 · 인용문에 적혀 있듯이, 크리스 조던은 우리에게 숙제를 주셨습니다. 슬픔을 느껴보라는 것인데요. 여러분에게 가장 큰 슬픔은 무엇인가요? 여러분의 삶에서, 우리가 살아가는 사회에서 우리가 직시해야 할 가장 큰 슬픔이 무엇인지 충분히 느낀 후, 그에 대한 자신의 솔직한 생각을 써보세요. 그리고 슬픔을 오롯이 느낀 후 그 감정에서 벗어난 경험이 있거나, 반대로 자기도 모르게 솟구쳐오는 감정을 어떻게 해야 할지 모를 때에 대해서 써봐도 좋습니다.

2 · 크리스 조던은 알바트로스의 춤과 노래는 그들이 얼마나 아름다운지를 느끼게 해주었다고 말씀하셨습니다. 여러분도 일주일 동안 살아 있는 것을 유심히 관찰해보세요. 그 생명이 어떤 모습을 하고 있고, 그래서 그 생명이 왜 소중한지 자신이 느낀 대로 솔직하게 써보세요.

이제는 시간이 별로 없을지도 모릅니다. 그러니 제가 아는 것을 숨김없이 쓰겠습니다. 이 책을 손에 든 여러분에게 부탁이 하나 있습니다. 이 책을 읽을 때는 일단 '상식'이나 '이상적인 상'을 버리고 머릿속을 깨끗이 비워주시기 바랍니다. 그것을 모두 지워 버리고 나서 문제를 바라보세요. 이것은 정의로운 영웅이 악의 무리를 쓰러뜨리는 것처럼 간단한 이야기가 아니기 때문입니다.

이 이야기의 밑바탕에 깔린 것은 인간의 욕심과 허약함입니다. 누구나 이 두 가지를 갖고 있습니다. 완전히 버릴 수는 없지요. 그렇다고 해서 이 문제를 똑바로 마주 보지 않고 변명만 하며 나이를 먹다 보면, 점점 돌이킬 수 없어집니다. 끝내는 뭐가 문제였는지조차 잊어버리고 말겠지요. 그렇게 되기 전에 한 번쯤 같이 생각해 봅시다.

– 다쿠키 요시미쓰, 『3·11 이후를 살아갈 어린 벗들에게』, 11쪽, 돌베개

2011년 3월 11일, 일본 후쿠시마현에 진도 9.0의 지진이 일어났습니다. 지진은 거대한 쓰나미를 몰고 왔고, 순식간에 모든 것을 집어삼켜 버렸지요. 그로 인해 '제드기가 부딪혀도 문제없다'던 후쿠시마 핵발전소는 속수무책으로 무너져버렸습니다. 그로부터 많은 시간이 흐른 지금, 여전히 후쿠시마는 위험한 출입제한지역입니다.

자신의 의지와는 전혀 무관하게 방사능에 노출되어야만 하는 일본 아이들은 바깥에서 마음껏 뛰어놀 수도 없게 되었습니다. 그런데 어른들의 관심사는 무엇이 붕괴한 핵발전소의 결정적 결함이었는지, 어떻

게 하면 경제위기를 극복할 수 있는지에만 있을 뿐, 앞으로 그 땅에서 살아갈 아이들의 고통에 대해서는 고민하지 않는 것 같았지요.

우리가 귀 기울여야 하는 것은 작지만 소중한 목소리들입니다. 『3·11 이후를 살아갈 어린 벗들에게』는 새로운 세대를 살리기 위한 저자의 절박한 외침입니다.

1 · 책에는 핵발전과 관련한 우리가 미처 알지 못했던 정보들이 많습니다. 책을 읽으며 새롭게 알게 된 사실을 정리해보세요. 또 지금 후쿠시마의 삶은 어떤지, 특히 당시 아픔을 겪은 아이들이 어떻게 살아가고 있는지, 후쿠시마에 관련한 소식을 조사해보세요. 새롭게 일어난 일, 변화한 일, 또 여전히 바뀌지 않는 것들 등 여러분이 생각할 때 꼭 모두와 공유해야 하는 소식을 정리해보세요.

2 · 일본 기자 모리 겐은 쓰나미가 일어난 지역의 아이들을 직접 찾아가 그들의 이야기를 담은 책 『쓰나미의 아이들』을 펴냈습니다. 재난 이후에 아이들의 집과 학교와 마을은 파괴되었지만, 자신의 상황을 이겨내려는 의지와 희망을 보여줍니다. 전 세계에는 이렇게 여러 가지 이유로 고통받는 아이들이 많습니다. 우리가 귀 기울여야 하는 또 다른 아이들은 누구일까요? 그 아이들에게 귀 기울여야 하는 이유는 무엇인가요? 내가 만약 기자라면, 어떤 아이들을 취재하러 갈 것인지 생각해보고 『○○○의 아이들』의 서문을 써보세요.

## 13. 『인디고 서원에서 공생의 책읽기』

이 순간에도 지구 반대편의 열대우림이 사라지고, 태평양 한가운데에는 플라스틱 쓰레기 섬이 펼쳐져 생물들의 숨통을 조이고 있습니다. 이제는 매일매일 미세먼지 지수를 확인하면서 살아야 하며, 이상기후는 일상이 되었습니다. 인간의 활동으로 지구는 더욱 뜨거워지고, 쓰레기장이 되며, 생물 다양성은 급격히 줄어들고 있습니다. 이는 분명 우리 시대의 가장 시급한 문제입니다.

이 위기 앞에서 우리는 무엇을 할 수 있을까요? 무엇을 해야 할까요? 인디고 서원의 청소년들은 우리 시대의 가장 중요하고 절실한 문제를 담은 책을 함께 읽고, 세상에 질문을 던지고, 이를 바탕으로 토론하였습니다. 물론 지금 우리가 놓여 있는 상황은 너무나 절박해서 단지 책을 읽는 것만으로는 변화를 만들 수 없다고 말할지도 모릅니다. 하지만 근본적인 변화를 위해서는 우리가 세상을 이해하는 방식과 삶의 태도부터 바꿔야 합니다. 지금까지 우리가 세상을 바라보고 생각했던 방식에서 벗어나 새로운 관점에서 문제를 이해하고 실천을 모색해야 합니다.

– 인디고 서원, 『인디고 서원에서 공생의 책읽기』, 6~7쪽, 궁리

책에는 청소년들이 공생의 삶을 실천하기 위해 함께 읽으면 좋을 책을 소개합니다. 우리 눈에 잘 보이지 않고 들리지 않는 것들을 보여주고 들려주는 새로운 목소리의 책과 비판적인 시각으로 통찰하고 따뜻한 감성으로 새로운 것을 상상하게 하는 질문을 던지는 책의 이야기가 가득합니다.

시대의 현실을 직시하고 그 너머의 아름다운 삶을 꿈꾸는 것으로 공생의 삶은 가능합니다. 물론 지금 당장 우리 눈앞의 문제를 해결하지 못할 수도 있습니다. 하지만 더 나은 세상은 무엇인지, 어떻게 하면 올 수 있을지 끊임없이 질문한다면, 문제를 해결할 희망이 있습니다.

1 · 책의 내용 중에서, 혹은 "이 책을 읽고 함께 토론해봅시다"의 질문 중 여러분이 공부하며 꾸준히 고민해야 할 질문들을 뽑아 생각을 써보세요. 혹은 책을 읽으며 추가적으로 떠오른 질문이나 친구들과 함께 토론해보고 싶은 주제를 만들어보세요.

2 · 여러분이 '공생의 책읽기'를 주제로 소개하고 싶은 책은 무엇인가요? 여러분 또래의 친구에게 소개하고 싶은 책 한 권을 정하고, 함께 생각하고 싶은 질문도 써봅시다.

· · 3장. 공부는 모두에게 이로운 혁명이다

『먹는 인간』을 위한 여행 곳곳에서 만난 얼굴, 얼굴, 얼굴의 기억만큼은 내 몸속에 깊이 새겨져 있다. 아직 기억을 아름답게 깎고 다듬을 때는 아니다. 왜냐하면 나는 수많은 비극을 곁눈질로 스치며 여행을 계속했고, 비극에서 비극으로 건너간 끝에 마침내 지금 이렇게 태연히 살아 있기 때문이다. 나는 이 자책과 비슷한 감정에서 벗어날 수 없다. 이렇게 느끼는 한 이 여행은 아직 끝나지 않은, 아니, 적어도 정신적으로는 도저히 끝낼 수 없는 것이다.

– 헨미 요, 『먹는 인간』, 356쪽, 메멘토

『먹는 인간』은 일본의 저널리스트 헨미 요가 전 세계를 여행하며 사람들이 어떤 얼굴로 어떤 음식을 먹는지 취재한 르포입니다. 인간의 생명을 유지하는 가장 기본적인 행위인 '먹는다'에 주목하며, 인간답다는 것은 무엇인가를 고민하는 저자의 통찰력은 우리에게 큰 울림을 줍니다. "보이지 않는 모습을 보아라. 들리지 않는 목소리를 들어라." 이 문장을 신념으로 삼고 헨미 요가 들여다본 삶은 우리가 상상하기 어려울 만큼 고통스럽기도, 처절하기도, 비참하기도 합니다. 과연 인간다운 삶에 필요한 것은 무엇일까요? 왜 어떤 사람은 가장 기본적인 삶의 권리조차 누리지 못하는 것일까요?

1 · 책에 소개된 이야기 중 가장 강렬한 인상을 받은 한 편을 골라봅시다. 그 이야기를 읽고 난 여러분의 느낌과 생각은 무엇인가요? 어떤 구절이 가장 기억에 남나요?

2 · 책을 읽으며 우리 사회에 유행하고 있는 '먹방'에 대해서 비평해
봅시다. 방송에 나온 맛집에 몇 시간씩 줄을 서는 것이 기본이고,
얼마나 많이 먹고 얼마나 매운 것을 먹는지를 경쟁적으로 방송하
는 모습을 보며 즐기는 문화는 과연 어떤 시대적 배경에서 탄생한
것일까요? 헨미 요가 주목한 '먹는다'와 우리 사회가 주목하는 '먹
는다'의 차이는 무엇인가요?

## 15. 『사람의 자리: 과학의 마음에 닿다』

　　과학자든 아니든 공동체를 이룬 사람들의 삶은 과학의 행보와 무관할
수 없다. 하나를 알아낸 다음 또 무엇을 알아낼지, 하나를 마련한 다음 또
무엇을 마련할지 고민하면서 과학은 공동체의 삶 속에서 앞으로 나아간다.
과학은 공동체의 삶을 구성하고 이끌고 뒷받침하는 역할을 맡을 수 있고,
또 그렇게 할 때 가장 빛날 수 있다. 과학의 빛은 사람의 자리를 비춘다.

　　　　　　　　－ 전치형, 『사람의 자리: 과학의 마음에 닿다』, 11쪽, 이음

　　과학기술의 발전은 우리가 많은 것을 할 수 있도록 만들어주었습니
다. 통신기술의 발전으로 먼 곳의 소식을 빠르게 들을 수 있고, 생명 과
학기술의 발전은 질병으로 고통받는 사람들을 구해주었고, 식량 생산
기술의 발전으로 굶어 죽는 사람들이 줄어들었습니다. 한편, 역설적이
게도 기술의 발전으로 사람이 무시당하거나 차별을 당하게 되는 경우
도 있습니다. 책에서 소개한 사람을 삼켜도 멈출 줄 모르는 무지막지한
기계와 그 기계를 혼자 감당하다가 쓰러지는 비정규직 젊은이들의 사
례가 그중 하나이지요.

　　전치형 선생님은 과학기술을 잘 활용하는 것은 인간이 사회적 존재
로서 자신의 삶을 지속하기 위해 필요한 것을 알아내고 마련하는 행위
라고 이야기하십니다. 즉, 누군가의 삶을 고민하고 사람의 자리를 마련
하는 과학기술은 분명 세상을 조금씩 나아지게 할 것이라는 비전을 제
시해주는 책입니다.

1 · 미래의 기술이 아니더라도 지금 우리가 쓰는 과학기술(스마트폰, 유튜브 등)을 나는 얼마나 잘 사용하고 있는가를 분석해보세요. 그리고 우리 사회에서 과학기술을 올바르게 사용하고 있는 예를 찾아보세요.

2 · 과학기술도 결국 인간이 만들었습니다. 그렇기 때문에 전치형 선생님도 끊임없이 과학의 발전 속에서 사람의 자리를 마련해야한다고 말하고, 과학기술이 비춰야 할 사람의 자리가 무엇인가를 고민하지요. 사람의 자리란 절대 기계가 대신할 수 없는 인간의 조건의 다른 말일 것입니다. 그렇다면 인간답다는 것은 무엇인가요? 책을 읽으면서 발견하거나 생각하게 된 인간다움의 조건을 적어보세요. 그리고 "과학기술은 인간다운 삶을 살 수 있게 할 것인가?"에 대한 여러분의 생각을 써보세요.

## 16. 《인디고잉》 66호 "우리는 정의로운 세상을 만들 것이다" ─────

전염병의 공포가 온 사방에 스멀거리는 지금 우리 사회에서, 인간성은 당장의 식량보다 더 중요한 것임을 뼈저리게 느낍니다. 전염병에 대한 공포가 혐오의식으로 번져, 아픈 사람들을 쳐다보는 시선이 나빠지는 것은 그 병에 져서 인간성을 잃어버리는 것과 같습니다. 아픔에 공감하는 것만으로도 위기에 처한 사람들에게는 힘이 될 텐데 말이죠. 위대한 삶이란 자유인의 삶이고, 정의로운 삶이며, 행복한 삶입니다. 그런 삶을 살아보고 싶지 않은 사람은 없을 것입니다. 당장 저부터 꼭 그런 삶을 살아내고 싶기 때문입니다.

- 임찬우,《인디고잉》66호(2020년 봄),「청소년 칼럼–자유롭고 정의로워서 더 행복한 삶」, 6쪽, 인디고 서원

코로나19 사태를 보며 주제 사라마구의『눈먼 자들의 도시』, 알베르 카뮈의『페스트』, 가브리엘 가르시아 마르케스의『콜레라 시대의 사랑』등의 작품이 조명을 받았습니다. 마치 예견이나 한듯 지금과 비슷한 상황들이 작품 속에 있기 때문입니다. 그러나 문학 작품의 예언이 얼마나 맞아떨어지느냐는 별로 중요하지 않습니다. 중요한 것은 문학을 통해 우리는 모든 가능성을 상상할 수 있고, 그를 통해 위기 속에서도 인간으로서 끝까지 지켜야 하는 본질적인 가치가 무엇인지 생각하게 된다는 점입니다.

《인디고잉》66호(2020년 봄)에는 "우리는 정의로운 세상을 만들 것이다"를 주문처럼 외면서, 위기와 고난을 직면했을 때, 우리가 무엇을 해야 할지 생각하며 책을 읽고 토론한 청소년들의 글이 있습니다.

1 · 《인디고잉》 66호에서 가장 인상 깊은 기사는 무엇이었나요? 기사를 읽고 새롭게 알게 된 사실이 있거나 생각이 바뀐 부분이 있다면 어떤 것들이 있나요? 이 기사들로 가족 혹은 친구들과 함께 이야기 나누어 보며 새로운 질문을 만들어보면 더욱 의미 있을 것 같습니다.

2 · 《인디고잉》은 청소년들이 직접 만드는 인문교양지입니다. 책읽기를 통해 더 넓은 사회와 세계 속에서 주체적인 목소리와 실천을 통해 변화를 도모하고자 만들어진 잡지이지요. 여러분이 청소년 기자라면 이 세상을 향해 가장 내고 싶은 목소리는 무엇인가요? 정의로운 세상을 꿈꾸는 청소년으로서 말하고 싶은 이야기가 무엇인지 여러분도 "우리는 정의로운 세상을 만들 것이다"라는 주제로 기사를 한 편 써보세요.

현실이 혹독하다고 그것으로부터 도망치려는 꿈은 아무리 그 바람이 멋지다 해도 이룰 수 없다. 꿈속에서 산다면 도리어 살아가는 세상이 더 곤란하고 가혹해질 뿐이다. 현실을 잊고 도피하려는 꿈은 망상이 되어 삶을 마비시킨다.

예술은 가을비 내리는 거리를 내려다보는 통창의 카페 안에 있지 않다. 예술은 겨울 바다와 멀찍이 떨어져 그저 감상에 젖는 안락한 실내에 있지 않다. 세상에서 도피하여 비현실적으로 외면하는 곳에 예술이 있지 않다.

예술은 거리 청소부가 빗자루를 든 그 길에 있다. 예술은 차가운 바다 위 고깃배에 어부와 함께 있다. 그곳에서 예술은 현실을 진정으로 만난다. 그럴 때 꿈은 현실감을 띠고 세상을 조금씩 바꿀 수 있다. 세상을 바꾸겠다고 이념으로 얼룩진 구호를 외치는 것은 예술이 하는 일이 아니다.

– 오종우, 『예술적 상상력』, 10쪽, 어크로스

'인간이란 무엇인가'라는 질문에 대해 예술과 문학의 시선으로 창의적인 답을 제시하는 오종우 선생님이 『예술적 상상력』을 펴냈습니다. 이번 책에는 급변하는 시대의 흐름에 휩쓸리지 않고 무한한 상상력으로 자신의 세계를 넓혀갈 수 있는 방법이 담겨 있습니다. 반복되는 답답한 일상을 깨는 하나의 노래, 시, 영화, 사진, 그림들이 우리 삶의 혁명을 일으킬 수 있다는 사실을 온몸과 마음으로 느낄 수 있는 시간을 가져봅시다.

1 · 책을 1장에서 6장까지 읽으며, 각 장마다 가장 마음에 와닿았던 작품과 해석을 나의 언어로 정리해봅시다. 소개된 작품 중 음악은 실제로 찾아 들어보기도 하며, 각자가 느낀 점이나 나름의 해석을 이야기로 풀어보세요.

2 · 오종우 선생님은 보이지 않는 것을 보는 것, 지금 당장 손에 잡히지 않지만 새로운 세계를 상상하는 것, 이러한 시도가 인간의 조건이자 가능성이라고 이야기합니다. 여러분이 생각하는 예술의 필요성 혹은 중요성은 무엇인지 정리해서 한 편의 글을 써보세요. 예술이 인간을 인간답게 하는 이유가 무엇인지, 혹은 인간에게 예술이 왜 필요한지 깊게 고민해서 생각을 정리해봅시다.

> 나는 교육이란 어린이를 포함하여 모든 사람의 육체와 정신(또는 마음) 그리고 영혼 속에서 최고의 것을 이끌어내는 일체의 노력이라고 생각한다. 읽고 쓸 수 있는 능력은 교육의 끝도 시작도 아니며, 그저 교육 방법 중의 하나일 뿐이다. 읽고 쓸 수 있는 능력 그 자체로는 교육이 아니다.
>
> — 마하트마 간디, 『간디, 나의 교육철학』, 44쪽, 문예출판사

인도의 민족 운동 지도자이자 사상가인 마하트마 간디는 조국의 독립과 자립을 위해 비폭력 저항 운동을 전개했던 혁명가였습니다. 간디의 관심은 정치, 경제, 소비, 사회에 그치지 않고 교육으로까지 이어졌습니다. 이는 조국의 사활이 걸린 중대한 문제이기도 하며, 새로운 세계를 창조할 미래 세대를 위한 것이기도 했습니다. 이 책은 간디가 가진 교육에 대한 근본적인 성찰과 제언들을 담고 있습니다.

1 · 교육에 관한 간디의 철학이 담긴 문장들 중에서 교육의 근본적 의미를 가장 잘 드러낸 부분을 정리해봅시다. 그리고 그 문장들이 왜 지금 이 시대에도 유의미하며 우리에게 어떤 성찰의 기회를 주는지 생각해봅시다.

2 · 교육은 한 사회가 나아갈 미래의 방향을 제시하는 역할을 합니다. 교육의 진정한 목표는 무엇일까요? 교사의 가장 중요한 자질은 무엇일까요? 책의 내용을 바탕으로 여러분이 느끼는 교육의 가장

근원적이고 핵심적인 문제 상황에 대한 성찰을 적어보세요. 그리
고 여러분 나름의 해답을 창의적이고 혁신적으로 제시해봅시다.

## 19. 『체 게바라의 홀쭉한 배낭』

체 게바라의 이상은 당시 현실과는 다소 괴리가 있었다. 하지만 그의 이상은 '좀 더 나은 세상'을 꿈꾸는 인간 사회의 변함없는 애정에 기반을 둔 것이었기에 앞으로도 영원할 것이라 생각한다. 체 게바라 자신도 말했다. "진정한 혁명가는 사랑이라는 위대한 감성에 의해 인도된다. 사랑 없는 사람은 결코 진정한 혁명가가 될 수 없다."

– 구광렬, 『체 게바라의 홀쭉한 배낭』, 261쪽, 실천문학사

체 게바라를 아시나요? 혁명, 쿠바, 사회주의 그리고 어딘가를 쳐다보고 있는 별 박힌 베레모를 쓴 체 게바라의 얼굴 사진이 떠오를 것입니다. 혁명가 체 게바라는 사람들을 사랑해 세상에 자신의 도움이 필요한 모든 군중을 위해 기꺼이 부귀영화를 포기한 사람입니다. 또 어떤 어려움에도 동료를 포기하지 않고 반드시 필요한 상황이 아니면 적군마저도 쉽게 죽이지 않는 진정한 휴머니스트였지요.

가장 중요한 것은 체 게바라는 일상의 작은 것들에서 무한한 아름다움과 사랑을 느낄 수 있는 능력을 갖췄다는 점입니다. 전쟁 중에도 시를 읽고 노트에 옮겨 쓰고 가족에게 편지를 보내며 인간에 대한 질문을 이어갔습니다. 또 아프리카 대륙 전체의 역사와 정치를 고민하면서도, 고통받는 사람 한 명 한 명의 얼굴을 떠올리는 일도 게을리하지 않았습니다. 바로 그 점이 오래도록 체 게바라가 사람들에게 존경받는 이유이고, 그의 정신을 이어가고자 하는 사람이 지금까지도 있는 이유일 것입니다.

1 · 책에 소개된 체 게바라가 자신의 녹색 노트에 옮겨 쓴 시와 그와 연관된 이야기 중 어떤 것이 가장 기억에 남나요? 많고 많은 시 중에 그 시를 옮겨 적었던 체 게바라의 마음을 이해할 수 있었나요? 여러분에게 녹색 노트가 있다면 옮겨 쓰고 싶은 시는 무엇인가요?

2 · 체 게바라가 그랬듯, 세상을 바꾸기 위해서는 세계에서 일어나는 거대한 흐름을 아는 것과 동시에 일상의 작은 것들도 소중하게 여길 줄 아는 능력이 필요합니다. 우리 집 강아지를 사랑하는 마음이 이 땅에 버려지는 유기견 문제를 바라보게 할 것이고, 우리 가족이 안전하기를 바라는 마음은 전 지구적 기후 위기의 문제를 해결하고 싶은 마음을 갖게 하겠지요. 여러분의 일상에서 소중한 것은 무엇인가요? 그것을 지키기 위해 사회 제도적으로나 전 지구적 차원에서 필요한 것은 무엇인가요?

·· 3장. 공부는 모두에게 이로운 혁명이다

## 20. 『다라야의 지하 비밀 도서관』

다라야의 블랙홀 구석에 있는 이 젊은이들이 가진 가능성은 무궁무진하다. 폐허로 둘러싸인 이 성소에서 이들은 참고 문헌을 넓혀가고, 새로운 사상들을 탐구하고, 어두운 밤에 출구를 찾고자 밝힌 작은 촛불만큼 매일 조금씩 자신들의 문화적 지식을 더욱 풍부하게 다져갔다.

– 델핀 미누이, 『다라야의 지하 비밀 도서관』, 123쪽, 더숲

다라야는 하루에 최대 80여 차례 폭격이 쏟아지는 도시입니다. 극단적으로 치달은 시리아 전쟁은 군인과 일반인, 남녀노소를 가리지 않고 깊은 절망만을 안겨주었습니다. 그런 가운데 희망과 저항을 포기하지 않은 청년들이 있었습니다. 이들은 총 대신 책을 들었고, 포기하기보단 맞섰으며, 침묵하지 않고 토론하며 사유를 멈추지 않았습니다. 이들이 건설한 지하 비밀 도서관은 역동적인 생명의 장이 되었습니다.

당장 내일 죽을지도 모르는 위험 속에서 그들은 왜 총을 든 것이 아니라, 책을 읽기 시작한 것일까요? 책을 읽는 것은 이들에게 어떤 의미일까요? 이 책을 읽으며 저항의 장소이자 피난처였으며, 치유의 장소이기도 했던 지하 도서관으로 들어가봅시다.

1 · 쏟아지는 폭격 속이지만, 다라야의 청년들에겐 지하 도서관이 있었고 이들은 책을 읽을 수 있었습니다. 어려운 상황에도 다라야의 청년들이 책을 읽는 이유를 말하는 문장을 찾아봅시다. 그리고 '다라야의 지하 비밀 도서관'이 필요한 사람들이 누가 있을지 찾

아보고, 그 이유까지 함께 써봅시다.

2 · 우리는 다라야보다 훨씬 더 풍요롭고 평화로운 사회에 살고 있지
만, 이들만큼 책을 읽지 않습니다. 왜 우리는 책을 읽지 않고, 책
읽는 것이 어렵게 되었을까요? 그럼에도 책 읽기는 무척 중요한
활동입니다. 책을 잘 읽을 수 있는 나만의 마음가짐이나 습관, 태
도가 있다면 이를 친구들에게 소개할 수 있도록 정리해보고, 그리
고 오늘날 우리가 책을 읽어야 하는 이유가 무엇인지 써봅시다.

·· 3장. 공부는 모두에게 이로운 혁명이다

# 함께 보면 좋은 영화

## 1. <다라야의 지하 비밀 도서관>
### 델핀 미누이, 브루노 주클라 / 시리아, 터키, 프랑스 / 2018

21세기 최악의 참사라 불리는 시리아 전쟁 중에도 희망을 잃지 않았던 청년들의 이야기를 담은 영화입니다. 폭격으로 폐허가 된 도시, 다라야에서 샤디는 카메라를 들어 순간들을 기록합니다. 고통스러운 순간도, 그러나 그 안에서 기쁨과 희망을 나눈 순간도 담아냅니다. 아흐마드, 지하드를 비롯한 다라야 청년들은 그곳에서 자신들만의 휴식과 치유, 배움의 장인 지하 비밀 도서관을 만듭니다. 여기서 이들은 책을 읽었고, 신문을 만들었으며, 결혼식을 올리기도, 장례식을 치르기도 합니다. 그러나 결국 평화로운 청년들의 저항도 끝이 나고 뜻을 함께 나눈 샤디, 아흐마드, 지하드는 사기 다른 곳으로 찢어집니다. 이들은 다시 만날 수 있을까요? 이 영화를 통해 우리가 가진 모든 것이 무너진 극단적인 상황에서도 인간성을 지킬 수 있게 하는 것이 무엇인지 생각해볼 수 있습니다.

## 2. <내일>
### 멜라니 로랑, 시릴 디옹 / 프랑스 / 2015

2100년이 오기 전 기후 위기로 인류가 멸망할 수 있다는 논문을 접하고 충격을 받은 멜라니 로랑과 시릴 디옹은 인류의 미래를 위협하는 문제를 살펴보고, 그에 대한 해결책을 찾기 위해 아주 특별한 여정에 나섭니다. 프랑스, 영국, 미국, 인도 등 세계 10개국을 방문하여 기후 위기의 대안이 될 수 있는 '농업, 에너지, 경제, 민주주의, 교육' 다섯 가지 분야의 혁신가들을 만납니다. 이를 통해 지구의 미래를 바꿀 실험을 진행하고 있는 사람들에게서 구체적이고 긍정적인 해법을 얻게 됩니다. 이 여정을 통해서 우리에게 지구가 처한 가장 중요한 위기는 무엇이고, 이를 어떻게 해결할 수 있을지 고민하고 실천할 것을 제안합니다.

## 3.<인빅터스>
### 클린트 이스트우드 / 미국 / 2010

남아프리카공화국의 첫 흑인 대통령인 넬슨 만델라와 대부분의 백인으로 구성된 국가대표 럭비팀인 스프링복스 팀의 실화를 바탕으로 한 영화입니다. 넬슨 만델라는 백인의 아파르트헤이트 인종 차별 정책으로 인해 27년간 감옥에 있었지만, 자신이 집권한 후 백인에게 보복하는 것이 아니라 흑인과 백인이 화합하는 것에 남아공의 미래가 있다고 보았던 역사적 영웅이지요. 그래서 그는 뿌리 깊은 갈등의 불씨로 남아 있는 흑인과 백인 사이에 있는 증오를 없애려고 시도합니다. 그 방법으로 백인으로 이뤄진 스프링복스팀의 활약을 통해 모두의 마음을 하나로 연결할 것을 결심하게 되지요. 이 기획은 성공할 수 있을까요? 영화를 보

·· 3장. 공부는 모두에게 이로운 혁명이다

면서 넬슨 만델라가 어떻게 갈등과 증오를 넘어 평화와 화해의 길을 열어갈 수 있었는지 생각해봅시다.

## 4. <폴란드로 간 아이들>
### 추상미 / 한국 / 2018

한국전쟁 당시 무려 10만 명이 넘는 전쟁고아가 발생했습니다. 북한에서는 국내에서 고아를 모두 수용할 수 없게 되자 사회주의 형제 나라들에 아이들을 위탁 양육·교육합니다. 1951년부터 1959년까지 폴란드에 가장 많은 6천여 명의 고아가 위탁되었습니다. 추상미 감독의 영화 <폴란드로 간 아이들>은 바로 그 아이들의 흔적을 찾아 떠나는 다큐멘터리입니다. 전쟁의 아픔으로 몸이 약하고 건강 상태가 좋지 않았던 북한 아이들을 헌신적으로 보살핀 것은 양육원의 폴란드인 교사들이었습니다. 하지만 곧 북한에서 아이들을 불러들임으로써 그들의 행복한 시간은 끝나게 됩니다. 그 후 60년이 지난 지금에도 폴란드의 교사들은 그때를 생각하면 눈물을 흘리며 죄책감을 느낍니다. 이 영화를 보며 국가와 민족을 뛰어넘은 인류의 가장 아름다운 형태의 연민 어린 사랑에 대해 생각해볼 수 있습니다.

## 5. <다니엘 바렌보임과 서동시집 오케스트라>
### 파울 슈마츠니 / 독일 / 2005

이스라엘의 유대인으로 세계적인 지휘자 다니엘 바렌보임은 팔레스타인 출신 실천적 지식인인 에드워드 사이드와 깊은 우정을 나누었으며, 이스라엘과 팔레스타인을 비롯한 중동 지역의 청소년들로 구성된 "서

동시집 오케스트라"를 기획하였습니다. 독일의 작가 괴테가 동양의 문학에 영감을 받아 결합하여 쓴 『서동시집(West-Eastern Divan)』에서 이름을 따온 이 오케스트라는, 정치적으로 서로를 가로지르는 경계를 허물고 새로운 평화의 시대를 여는 예술적 시도였습니다. 오케스트라에 참여한 이들 사이에는 처음에는 서로에 대한 적대적 긴장감이 가득했지만, 음악이라는 예술을 통해서 각자가 갖고 있는 국가적 정체성을 뛰어넘어 서로 하나 되는 경험을 합니다. 예술이 과연 평화를 가져올 수 있을까요? 영화는 우리에게 진정한 의미의 평화와 공생에 대한 깊은 울림을 안겨줍니다.

# 닫는 글

．

# 모두에게 이로운 교육 혁명

21세기 인류가 직면한 최대의 위기라고 할 수 있는 코로나 사태는 우리 삶을 뿌리에서부터 흔들어놓았습니다. 국적, 인종, 나이 어떤 것도 가리지 않고 침투하는 바이러스를 보면서 인간의 생명과 우리의 삶이 얼마나 쉽게 무너지고 깨질 수 있는지 새삼 깨닫게 되었습니다. 그 동안 인류가 쌓아온 자본, 과학기술, 사회 시스템 등이 신종 바이러스에 의해 이렇게 속수무책으로 무너질 줄 상상이나 했을까요?

코로나 시대는 인류의 생사를 건 질문을 우리에게 던지고 있습니다. 절체절명의 순간을 매일 겪고 있는 지금, 과연 4차 혁명을 비롯한 과학기술이 우리의 삶을 구원해줄 수 있을까요? 국경을 폐쇄하고 교류를 중단하는 것이 궁극의 해결책일까요? 온라인 기반 원격 수업과 화상 강의 등 교육기술의 변화만이 미래 교육의 청사진일까요? 사상 초유의 사태를 겪고 있는 지금 이 위기를 극복할 수 있는 유일하고도 정확한 방법은 근본적인 질문을 던지고 그에 대한 답을 찾아나가려는 시도일 것입니다.

당장의 해법이라고 제시된 '사회적 거리 두기' 즉, 자가 격리와 고립은 역설적이게도 우리의 삶이 그동안 얼마나 서로 밀접하게 연결되어 있었는지를 여실히 보여주었습니다. 문제는 세계화된 자본주의와 시장만이 우리를 세계 시민으로 묶어주었다는 것이 아니라 가난과 불평등과 질병마저도 촘촘히 연결된 우리를 통해 전염되고 있었다는 점입니다. 전 지구적인 연대에 대해 고민해야 하는 이유가 바로 여기에 있습니다.

코로나에 대한 백신과 공식 치료제가 머지않아 개발될 것이라 합니다. 그렇게 되면 코로나도 의학적 차원에서는 치유가 될 것입니다. 하지만 송두리째 뒤바뀐 우리는 여전히 해결되지 못한 불안과 공포를 떠안고 살아가야 할 것입니다. 그렇다면 코로나 사태 이후 우리는 어떤 삶의 양식과 태도를 가져야 하는 걸까요? 또 어떤 세상을 그려 나가야 하는 걸까요?

가장 우선은 생명을 최상위 가치로 두는 사회를 만들어 나가는 것입니다. 생명에 이로운 것만이 가치 있고 우리 삶을 지속가능하게 할 것이기 때문입니다. 때로 인류는 생명과 안전보다 돈이나 물질을 더 중시하기도 했습니다. 지금껏 귀한 생명들을 앗아갔던 사건과 재난들은 그런 그릇된 가치 체계 안에서 벌어진 비극이었다고 할 수 있습니다. 가치는 한 사회가 무엇을 지향하며 나아갈 것인지 방향에 대한 문제이고 그 길 위에서 우리는 생명을 가장 먼저 두는 선택을 매순간 해야만 할 것입니다.

코로나 시대가 우리에게 요구하는 역량은 기존의 틀에서는 가르치거나 배우지 않았던 것임이 분명합니다. 그렇기에 교육이 무엇인가에 대한 패러다임 자체가 바뀌어야만 할 것입니다. 우리에게 필요한 것이 잠깐의 고통을 덜어줄 진통제가 아닌 정확한 진단과 치료제이듯, 이러한 문제의식이 완전히 새롭고 다른 교육에 대한 열망으로 이어져야만 우리는 새로운 미래를 꿈꿀 수 있을 것이라 믿습니다.

이 책은 코로나19로 전 세계가 위험에 빠진 급박한 상황에서 '진정한 공부란 무엇인가?' 또 '우리는 무엇을 배우고 가르쳐야 하는가?'와 같은 본질적인 질문을 다시 해야 한다는 절박한 문제의식에서 출발하였습니다. 문제의 근원과 해법이 교육 속에 있다고 생각했기 때문입니다. 그렇기에 한국 사회에서 배우고 공부한다는 것의 의미를 성찰하고 또 그 방법을 새롭게 발명하고자 했습니다.

나 자신의 생존만이 아니라 내가 속한 공동체, 학교, 국가 나아가 세계 전체를 살리는 배움의 길은 무엇인지 함께 찾을 수 있기를 기대합니다. 흔히 대재난 이후에는 완전히 새로운 공동체가 떠오른다고 합니다. 기존의 질서가 더 이상 우리 삶을 지탱할 수 없다는 깨달음과 함께 새로운 제도와 이념에 대한 요구가 쏟아져 나오기 때문입니다. 경쟁 교육을 통해 인적 자원을 강화한다거나 국가 경쟁력을 제고하기 위해 교육을 혁신한다는 목표는 이미 그 자체로 시대착오적 생각이 되었음을 우리는 눈앞의 재난을 통해 깨닫고 있습니다.

경제학계의 마더 테레사라고 불리기도 한 노벨 경제학상 수상자 아마르티아 센은 『정의의 아이디어』에서 이렇게 말합니다. "우리가 살고 있는 세계에 기아나 전쟁과 같이 이런서런 곤궁이 많다는 것은 너무나 가슴 아픈 현실이지만, 우리가 만일 소통할 수도 없고 대답도 논쟁도 할 수 없었다면 훨씬 더 끔찍했을 것이다." 눈앞의 불의와 보이지 않는 진실에 대해 끝없이 말하는 것이야말로 정의로 나아가는 첫걸음이 될 것입니다.

공부가 부정의에 눈감고 개인의 이익만을 위해 쓰일 때 한 사회가 얼마나 큰 위험에 빠지게 되는지 우리는 이미 잘 알고 있습니다. 배움을 통해 나 자신이 보다 좋은 사람이 되고 나아가 모든 생명을 이롭게 할 때, 공부는 혁명이 될 수 있습니다. 더욱 많은 사람이 세상의 불의에 의문을 던지고 함께 고민할 때, 세상은 보다 정의로워질 수 있습니다. 공부는 정의로 나아가는 문이기 때문입니다.

2020년 3월 28일
인디고 연구소 InK
박용준

## 1장. 공부는 좋은 사람이 되는 길이다

1. **자기 앞의 생**  에밀 아자르 / 용경식 옮김 / 문학동네 / 2003

2. **어려운 시절**  찰스 디킨스 / 장남수 옮김 / 창비 / 2009

3. **산책을 듣는 시간**  정은 / 사계절 / 2018

4. **희망을 부르는 소녀, 바리**  김선우 / 단비 / 2014

5. **소녀의 마음**  하이타니 겐지로 / 햇살과나무꾼 / 양철북 / 2008

   **원예반 소년들**  우오즈미 나오코 / 오근영 옮김 / 양철북 / 2012

6. **우리가 사랑한 소녀들**  최현미, 노신희 / 혜화1117 / 2019

   **15소년 표류기**  쥘 베른 / 김윤진 옮김 / 비룡소 / 2005

7. **오늘부터, 詩作**  테드 휴즈 / 김승일 옮김 / 비아북 / 2019

8. **소설처럼**  다니엘 페나크 / 이정임 옮김 / 문학과지성사 / 2018

9. **상상 라디오**  이토 세이코 / 권남희 옮김 / 영림카디널 / 2015

10. **말할 수 없는 것들이 있습니다**  키어스텐 보이에 / 전은경 옮김 / 내인생의책 / 2018

11. **월터가 나에게 가르쳐 준 것**  브라이언 스티븐슨 / 고기탁 옮김 / 열린책들 / 2016

12. **A가 X에게**  존 버거 / 김현우 옮김 / 열화당 / 2009

13. **울고 화내고 멍때려라**  설흔 / 나무를심는사람들 / 2018

14. **니코마코스 윤리학**  아리스토텔레스 / 홍석영 옮김 / 풀빛 / 2005

## 2장. 공부는 세상을 향해 던지는 질문이다

5. 왜 우리는 생각대로 행동하지 않을까  외르크 베르나르디 / 이수영 옮김 / 시금치 / 2019

6. 처음 하는 평화 공부  모가미 도시키 / 김소라 옮김 / 궁리 / 2019

7. 사람은 왜 서로 싸울까  차병직 / 낮은산 / 2015

8. 학교의 품격  임정훈 / 우리교육 / 2018

9. 장기려, 우리 곁에 살다 간 성자  김은식 / 봄나무 / 2006

10. 의술은 국경을 넘어  나카무라 테츠 / 아시아평화인권연대 옮김 / 산지니 / 2006

11. 윌리엄 모리스 노동과 미학  윌리엄 모리스 / 서의윤 옮김 / 좁쌀한알 / 2018

12. 빈곤  윤예림 / 풀빛 / 2018

13. 리케  마이크 비킹 / 이은선 옮김 / 흐름출판 / 2019

14. 나만 잘 살면 왜 안 돼요?  이치훈, 신방실 / 북트리거 / 2019

15. 21세기를 위한 21가지 제언  유발 하라리 / 전병근 옮김 / 김영사 / 2018

16. 세계 곳곳의 너무 멋진 여자들  케이트 샤츠 / 이진규 옮김 / 티티 / 2018

17. 난장이가 쏘아올린 작은 공  조세희 / 이성과힘 / 2000

18. 일단, 웃고 나서 혁명  아지즈 네신 / 이난아 옮김 / 푸른숲 / 2011

19. 민주주의가 왜 좋을까  최연혁 / 나무를심는사람들 / 2019

20. 두잉 데모크라시  인디고 서원 / 궁리 / 2017

1. 〈우리들〉  윤가은 / 한국 / 2016

2. 〈벤딩 디 아크〉  키프 데이비슨, 페드로 코스 / 미국 / 2017

3. 〈내일을 위한 시간〉  장 피에르 다르덴, 뤽 다르덴 / 벨기에 외 / 2014

4. 〈기생충〉  봉준호 / 한국 / 2019

5. 〈나, 다니엘 블레이크〉  켄 로치 / 영국 / 2016

## 3장. 공부는 모두에게 이로운 혁명이다

1. **그레타 툰베리의 금요일**  그레타 툰베리 외 / 고영아 옮김 / 책담 / 2019

2. **생명의 기억**  에드워드 윌슨 / 최재천, 장수진 옮김 / 반니 / 2016

   **지구의 절반**  에드워드 윌슨 / 이한음 옮김 / 사이언스북스 / 2017

3. **내일: 새로운 세상이 온다**  시릴 디옹 / 권지현 옮김 / 한울림 / 2017

4. **최원형의 청소년 소비 특강**  최원형 / 철수와영희 / 2017

5. **지구를 살리는 기발한 물건 10**  박경화 / 한겨레출판 / 2019

6. **뜨거운 지구에서 살아남는 유쾌한 생활습관 77**  데이비드 드 로스차일드 / 환경운동연합 옮김 / 추수밭 / 2008

7. **소외된 90%를 위한 디자인**  스미소니언연구소 / 허성용, 허영란 옮김 / 에딧더월드 / 2010

8. **가치를 디자인하라**  김진택 / 한국경제신문 / 2017

9. **바그다드 동물원 구하기**  로렌스 앤서니 / 고상숙 옮김 / 뜨인돌 / 2019

10. **내 이름은 도도**  선푸위 / 허유영 옮김 / 추수밭 / 2017

11. **크리스 조던**  인디고 서원 / 인디고 서원 / 2019

12. **3.11 이후를 살아갈 어린 벗들에게**  다쿠키 요시미쓰 / 윤수정 옮김 / 돌베개 / 2014

13. **인디고 서원에서 공생의 책읽기**  인디고 서원 / 궁리 / 2019

14. **먹는 인간**  헨미 요 / 박성민 옮김 / 메멘토 / 2017

15. **사람의 자리: 과학의 마음에 닿다**  전치형 / 이음 / 2019

16. **《인디고잉》 66호(2020년 봄)**  인디고 서원 / 인디고 서원 / 2020

17. **예술적 상상력**  오종우 / 어크로스 / 2019

18. **간디, 나의 교육 철학**  마하트마 간디 / 고병헌 옮김 / 문예출판사 / 2006

19. **체 게바라의 홀쭉한 배낭**  구광렬 / 실천문학사 / 2009

20. **다라야의 지하 비밀 도서관**  델핀 미누이 / 임영신 옮김 / 더숲 / 2018

**영화**

1. 〈다라야의 지하 비밀 도서관〉 델핀 미누이, 브루노 주클라/ 시리아, 터키, 프랑스 / 2018

2. 〈내일〉 멜라니 로랑, 시릴 디옹 / 프랑스 / 2015

3. 〈인빅터스〉 클린트 이스트우드 / 미국 / 2010

4. 〈폴란드로 간 아이들〉 추상미 / 한국 / 2018

5. 〈다니엘 바렌보임과 서동시집 오케스트라〉 파울 슈마츠니 / 독일 / 2005